Dr. Džerok L

Tražite
i molite se

URIM BOOKS

*I došavši k učenicima
nađe ih gde spavaju, i reče Petru:
„Zar ne mogoste jedan čas
postražiti sa mnom?
Stražite i molite se Bogu
da ne padnete u napast;
jer je duh srčan, ali je telo slabo."
(Jevanđelje po Mateju 26:40-41)*

Tražite i molite se od Dr. Džeroka Lija
Objavile Urim knjige (Predstavnik: Johnny. H. Kim)
73, Yeouidaebang-ro 22-gil, Dongjak-gu, Seul, Koreja
www.urimbooks.com

Sva prava su zadržana. Ova knjiga ili njeni pojedini delovi ne smeju biti reprodukovani u bilo kojoj formi, ili biti smešteni u bilo kom renta sistemu, ili biti transmitovana bilo kojim načinom, elektronski, mehanički, fotokopiranjem, snimanjem, ili slično, bez prethodnog pismenog ovlašćenja izdavača.

Autorska prava © 2016 od strane dr. Džerok Lija
ISBN: 979-11-263-1149-1 03230
Prevodilačka Autorska Prava © 2015, dr. Ester K. Čung (Dr. Esther K. Chung). Korišćeno uz dozvolu.

Prvo izdanje, mart 2016.

Prethodno objavljeno na Korejanskom u 1992-oj godini od strane Urim Knjige (Urim Books)

Uredio dr. Geumsun Vin
Dizajnirao urednički biro Urim Books
Za više informacija molimo kontaktirajte: urimbook@hotmail.com

Poruka o objavljivanju

Kako nam Bog zapoveda da se stalno molimo, On nas takođe upućuje na razne načine zašto mi moramo stalno da se molimo i upozorava nas da se molimo da ne bi pali u iskušenje.

Baš kao što pravilno disanje nije težak zadatak za osobu koja je u stanju dobrog zdravlja, duhovno zdravi pojedinci smatraju prirodnim i ne nalaze napornim da žive po Božjoj Reči i mole se stalno kao i obično. To je zato što koliko god da se moli, on će uživati u dobrom zdravlju i sve će mu ići dobro čak i kada njegova duša postaje dobro. Značaj molitve dakle, ne može nikada biti dovoljno naglašen.

Osoba čiji je život završen ne može da diše kroz nozdrve. Na isti način, pojedinac kome je duh umro ne može da uzme duhovni dah. Drugim rečima, ljudski duh je stavljen u smrt zbog Adamovog greha, ali oni čiji je duh obnovljen Svetim Duhom nikada ne smeju da prestanu da se mole sve dok su njihovi duhovi živi, baš kao što mi ne možemo da napravimo pauzu u disanju.

Novi vernici koji su nedavno prihvatili Isusa Hrista su poput dece. On ne znaju kako da se mole i obično smatraju da je molitva zamorna. Međutim, kada oni ne odustaju od oslanjanja na Reč Božju i nastavljaju da se revnosno mole, njihov duh će rasti i postaće jači kako se energičnije mole. Ovi ljudi će onda shvatiti da ne mogu da žive bez molitva, baš kao što niko ne bi mogao da živi bez disanja.

Molitva nije samo naš duhovni dah već prolaz dijaloga između Boga i Njegove dece, koji mora uvek da ostane otvoren. Činjenica da je konverzacija između mnogih roditelja i njihove dece prekinuta u modernijim porodicama je ništa manja od tragedije. Međusobno poverenje je uništeno i njihov odnos je čista formalnost. Međutim, ne postoji ništa što ne bismo mogli reći našem Bogu.

Naš svemogući Bog je brižni Otac koji zna i razume nas najbolje, obraća veliku pažnju na nas sve vreme i želi od nas da razgovaramo iznova s Njim. Za sve vernike međutim, molitva je ključ da kucamo i otvorimo vrata do srca svemogućeg Boga i oružje koje prevazilazi vreme i prostor. Zar nismo videli, čuli i iskusili iz prve ruke mnogobrojne hrišćane čiji su životi bili preoblikovani i smer svetske istorije kako se promenio zbog moćne molitve?

Kako mi ponizno tražimo pomoć Svetog Duha kada se molimo, Bog će nas ispuniti Svetim Duhom, dozvoliće nam da jasno razumemo Njegovu volju i živimo po njoj i omogućiće nam da prevaziđemo neprijatelja đavola i da budemo pobednici na ovoj zemlji. Međutim, kada neko ne uspe da dobije vođstvo Svetog Duha zato što se ne moli, on će se osloniti najpre i sve više na svoje sopstvene misli i teorije i živeće u neistini koja je protiv volje Božje i za njega će biti teško da dobije spasenje. Zbog toga nam Biblija u Poslanici Kološanima 4:2 govori: „Da vam se ne dosadi molitva; i stražite u njoj sa zahvaljivanjem," i u Jevanđelju po Mateju 26:41: „Stražite i molite se Bogu da ne padnete u napast; jer je duh srčan, ali je telo slabo." Razlog zbog kojeg je Božji jedan i jedini Sin Isus mogao da ispuni Njegovo delo u skladu sa voljom Božjom je zbog moći molitve. Pre nego što je počeo sa Njegovim javnim službovanjem, naš Gospod Isus je postio 40 dana i postavio je primer života u molitvi moleći se kada god je On mogao čak i za vreme Njegove službe od tri godine.

Mi nailazimo da su mnogi hrišćani prepoznali važnost molitva ali mnogi od njih ne uspevaju da dobiju Božje odgovore zato što oni ne znaju kako da se mole u skladu sa voljom Božjom. Bio sam slomljenog srca kada sam video i čuo o takvim pojedincima dugo vremena ali veoma mi je drago da objavljujem knjigu o molitvama na osnovu iskustva od više 20 godina službovanja i iskustva iz prve ruke.

Ja se nadam da će ova mala knjiga biti od velike pomoći

svakom čitaocu u ispunjavanju i doživljavanju Boga i u vođenju života sa moćnim molitvama. Da svaki čitalac bude oprezan i da se stalno moli kako bi mogao da uživa u dobrom zdravlju i da mu sve ide dobro kako je i njegova duša dobro, u ime Gospoda ja se molim!

Jaerock Lee

Sadržaj

Tražite i molite se

Poruka o objavljivanju

Poglavlje 1
Ištite, tražite i kucajte • 1

Poglavlje 2
Verujte da ste ih primili • 21

Poglavlje 3
Vrsta molitve sa kojom je Bog zadovoljan • 35

Poglavlje 4
Da ne biste pali u iskušenje • 57

Poglavlje 5
Delotvorna molitva pravednog čoveka • 73

Poglavlje 6
Velika moć molitve u dogovoru • 85

Poglavlje 7
Uvek se molite i nikad ne odustajte • 101

Poglavlje 1

Ištite, tražite i kucajte

„Ištite, i daće vam se;
tražite, i naći ćete;
kucajte, i otvoriće vam se.
Jer svaki koji ište, prima,
i koji traži, nalazi,
i koji kuca, otvoriće mu se.
Ili koji je među vama čovek u koga,
ako zaište sin njegov hleba kamen da mu da?
Ili ako ribe zaište,
da mu da zmiju?
Kad dakle vi, zli budući, umete dare dobre davati deci svojoj,
koliko će više Otac vaš nebeski
dati dobra onima koji Ga mole!"

(Jevanđelje po Mateju 7:7-11)

1. Bog daje dobre darove onima koji traže

Bog ne želi da Njegova deca pate od siromaštva i bolesti već želi da sve stvari u njihovim životima idu dobro. Međutim, ako mi samo sedimo skrštenih ruku i ne ulažemo nikakav napor, mi nećemo ništa požnjeti. Iako je Bog mogao da nam da sve u univerzumu zato što sve u univerzumu Njemu pripada, On želi da Njegova deca pitaju, traže i ostvare sve sami baš kao što stara izreka kaže: „Ti bi nahranio bebu koja plače."

Ako postoji osoba koja želi da sve dobije dok stoji mirno po strani, on se ne razlikuje od cveća zasađenog u bašti. Koliko obeshrabreni bi roditelji bili ako bi se njihova deca ponašala kao postrojene biljke i provodili dan u krevetu bez ulaganja ikakvog napora da bi živeli svojim životom? Takvo ponašanje je kao kada lenj čovek rasipa svoje vreme čekajući da plod sa drveta padne u njegova usta.

Bog želi da mi postanemo Njegova mudra i revnosna deca koja revnosno ište, traže i kucaju dok uživaju u Njegovim blagoslovima i daju Njemu slavu. To je upravo razlog zbog kog nam On zapoveda da ištemo, tražimo i kucamo. Ni jedan roditelj neće detetu dati kamen kada dete traži hleb. Ni jedan roditelj neće detetu dati zmiju kada dete traži ribu. Čak iako je

4 · Tražite i molite se

roditelj toliko zloban, on želi da da dobre darove svojoj deci. Zar ne mislite da će naš Bog – koji je nas voleo do te mere da je dao Njegovog jedinorodnog Sina da umre zbog nas – dati Njegovoj deci dobre darove ako potraže?

U Jevanđelju po Jovanu 15:16 isus nam govori: „Vi Mene ne izabraste, nego Ja vas izabrah, i postavih vas da vi idete i rod rodite; i da vaš rod ostane, da šta god zaištete u Oca u ime Moje da vam da." Ovo je svečano obećanje svemogućeg Boga ljubavi da kada mi revnosno ištemo, tražimo i kucamo, On će otvoriti nebesku kapiju, blagosloviće nas i čak će odgovoriti na želje našeg srca.

Sa odlomkom na kome se zasniva ovo poglavlje, hajde da naučimo kako da ištemo, tražimo i kucamo i dobijemo sve što smo tražili od Boga tako da će to biti velika slava za Njega i velika radost za nas.

2. Traži i biće ti dato

Bog govori svim ljudima: „Traži i biće ti dato" i želi da svako bude blagoslovena osoba koja dobija sve što traži. Zbog čega nam On govori onda da tražimo?

1) Tražite Božju snagu i gledajte Njegovo lice

Bog, nakon što je On stvorio nebesa i zemlju i sve u njoj, stvorio je čoveka. I On ih blagoslovi i reče čoveku da se rađaju i množe i napune zemlju i vladaju nad njom i da gospodare nad ribama morskim i pticama nebeskim i nad svime što se miče po zemlji.

Nakon što se prvi čovek Adam nije povinovao Božjoj Reči, međutim on je izgubio ove blagoslove i krio se od Boga kada bi čuo Njegov glas (Postanak 3:8). Pored toga, čovečanstvo koje je postalo grešno bilo je otuđeno od Boga i izbačeno na put propasti kao robovi neprijatelja đavolu.

Za ove grešnike, Bog ljubavi poslao je Njegovog Sina Isusa Hrista na zemlju da ih spase i otvorio je vrata za njihovo spasenje. I ako neko prihvati Isusa Hrista kao svog ličnog Spasitelja i veruje u Njegovo ime, Bog će mu oprostiti njegove grehove i daće mu dar Svetog Duha.

Šta više, vera u Isusa Hrista nas vodi ka spasenju i omogućuje nam da primimo snagu od Boga. Samo kada nam Bog da Njegovu snagu i moć, mi možemo uspešno da vodimo religiozan život. Drugim rečima, samo uz milost i snagu odozdo, mi možemo da prevaziđemo svet i živimo po Reči Božjoj. I mi moramo da primimo Njegovu moć da bi pobedili đavola.

Psalmi 105:4 nam govore: „Tražite GOSPODA i silu Njegovu, tražite lice Njegovo bez prestanka." Naš Bog je: „JA SAM ONAJ ŠTO JESTE" (Izlazak 3:14), To je postanje neba i zemlje (Postanak 2:4) i Gospodar cele istorije i svega u univerzumu od početka i zauvek. Bog je Reč i sa Rečju On je stvorio sve u univerzumu i zbog toga, Njegova Reč je moć. Zato što se ljudska reč uvek menja, ona ne nosi moć da stvara ili da učini da se stvari događaju. Za razliku od reči čoveka koja je neistinita i uvek se menja, Reč Božja je živa i puna moći i može da izvodi dela stvaranja.

Prema tome, bez obzira koliko neko može moćan da bude, ako on čuje Reč Božju koja je živa i veruje u nju bez sumnji, on takođe može da izvodi dela stvaranja i stvori nešto od ničega. Stvaranje nečega od ničega je nemoguće bez nečije vere u Božju Reč. Zbog toga je Isus objavio svima onima koji su došli pred Njega: „Kako si verovao neka ti bude" (Mateju 8:13). Sve u svemu, tražiti snagu od Boga je isto kao da tražimo od Njega da nam da veru.

Šta onda znači da: „tražite lice Njegovo bez prestanka?" Baš kao što ne može da se kaže za nas da „znamo" nekoga a nismo videli njegovo lice, „tražiti Njegovo lice" se odnosi na napor koji treba da uložimo u otkrivanju „ko je Bog." To znači da su oni koji su ranije izbegavali da vide Božje lice i da čuju Njegov glas sada otvorili svoja srca, traže i razumeju Boga i pokušavaju da čuju Njegov glas. Grešnik nije u stanju da podigne svoju glavu i pokušava da okrene svoje lice od drugih. Jednom kada dobije oproštaj, on može da podigne svoju glavu i da pogleda druge ljude.

Na isti način, svi ljudi su bili grešnici zbog nepokornosti prema Božjoj Reči, ali ako je jednom oprošteno prihvatanjem Isusa Hrista i postao je Božje dete primanjem Svetog Duha, on sada može da vidi Boga koji je Sam Svetlost, jer je proglašen da je pravedan sa pravednošću Božjom.

Najvažniji razlog zbog koga Bog govori ljudima da „traže Božje lice" je taj da On želi da svako se od njih – grešnika – pomiri sa Bogom i primi Svetog Duha tražeći da vidi Božje lice i da postane Njegovo dete koji može da stane pred Njim licem u lice. Kada jedan postane dete Boga Stvoritelja, on će dobiti nebesa i večni život i sreću, iznad čega ništa drugo nije veći blagoslov.

2) Molite da dostignete Božje kraljevstvo i pravednost

Osoba koja je dobila Svetog Duha i postala dete Božje može da živi novim životom, jer je ponovo rođen od Duha. Bog koji smatra mnogo dragocenom jednu dušu više od nebesa i zemlje govori Njegovoj deci da traže da ispune Njegovo kraljevstvo i pravednost iznad svega drugoga (Jevanđelje po Mateju 6:33).

Isus nam govori u Jevanđelju po Mateju 6:25-33 kao što sledi:

Zato vam kažem, ne brinite se za život svoj, šta ćete jesti, ili šta ćete piti; ni za telo svoje, u šta ćete se obući. Nije li život pretežniji od hrane, i telo od odela? Pogledajte na ptice nebeske kako ne seju, niti žnju, ni sabiraju u žitnice; pa Otac vaš nebeski hrani ih. Niste li vi mnogo pretežniji od njih? A ko od vas brinući se može primaknuti rastu svom lakat jedan? I za odelo što se brinete? Pogledajte na ljiljane u polju kako rastu; ne trude se niti predu; ali Ja vam kažem da ni Solomun u svoj svojoj slavi ne obuče se kao jedan od njih. A kad travu u polju, koja danas jeste, a sutra se u peć baca, Bog tako odeva, a kamoli vas? Maloverni! Ne brinite se dakle govoreći: „Šta ćemo jesti," ili „Šta ćemo piti", ili „Čim ćemo se odenuti?" Jer sve ovo neznabošci ištu; a zna i Otac vaš nebeski da vama treba sve ovo. Nego ištite najpre carstvo Božje, i pravdu Njegovu, i ovo će vam se sve dodati.

Šta onda znači: „ištite Božje kraljevstvo" i šta znači: „ištite Njegovu pravednost?" Drugim rečima, šta bi mi trebali da tražimo za ispunjavanje Božjeg kraljevstva i Njegove pravednosti? Za čovečanstvo koji su bili robovi neprijatelju đavolu i osuđeni na uništenje, Bog je poslao Njegovog jednog i jedinog Sina na zemlju i dozvolio je Isusu da umre na krstu. Kroz Isusa Hrista, Bog je takođe obnovio vlast koju smo izgubili i dozvolio nam da hodamo na put spasenja. Što više širimo vesti o Isus Hristu koji je umro za nas i vaskrso, time se više Sotonina sila uništava. Što je više Sotonina sila uništena, više će duša doći do spasenja. Što više duša dolazi do spasenja, više će biti Božje kraljevstvo uvećano. Tako da „ištite Božje kraljevstvo" odnosi se na molitve za dela u spašavanju duša ili svetsku misiju, kako bi svi ljudi mogli da postanu Božja deca.

Nekada smo živeli u mraku i u sredini greha i zla, ali kroz Isusa Hrista mi smo ovlašćeni da stanemo pred Bogom koji je Sam svetlost. Zato što Bog boravi u dobroti, u pravednosti i u svetlosti, sa grehom i zlobom mi ne možemo ni da stanemo pred Njim niti da postanemo Njegovo dete.

Prema tome „ištite Njegovu pravednost" se odnosi na molitvu da nečiji mrtvi duh može da oživi, njegova duša napreduje i da on postane pravedan dok živi u skladu sa Božjom Reči. Moramo da pitamo Boga da nam dozvoli da čujemo i budemo prosvetljeni Božijom Rečju, izađemo iz greha i tame i boravimo u svetlosti i postanemo posvećeni posle uzimanja Božje svetosti.

Odbacivanjem dela mesa u skladu sa željama Svetog Duha i postati posvećeni dok živimo po istini jeste ispunjavanje Božje pravednosti. Šta više, kako mi tražimo ispunjavanje Božje pravednosti mi ćemo uživati u dobrom zdravlju i sve će nam ići dobro čak i kako naša duša napreduje (3. Jovanova Poslanica 1:2). Zbog toga nam Bog zapoveda da najpre tražimo ispunjenje Božjeg kraljevstva i Njegove pravednosti obećava nam da će nam i sve ostalo što smo tražili takođe biti dato.

3) Molba da postanemo Njegov radnik i odradimo Bogom date zadatke

Ako tražite da ispunite Božje kraljevstvo i pravednost, onda morate da se molite da postanete Njegov radnik. Ako već jeste Njegov radnik, vi morate iskreno da se molite da odradite Bogom date zadatke. Bog nagrađuje one koji iskreno traže Njega (Poslanica jevrejima 11:6) i dodeliće Njegove nagrade svakom čoveku u skladu sa tim šta je učinio (Otkrivenje Jovanovo 22:12).

U Otkrivenju Jovanovom 2:10 Isus nam govori: „Budi veran do same smrti, i daću ti venac života." Čak i u ovom životu, kada neko revnosno studira on može da dobije stipendiju i da uđe na dobar fakultet. Kada neko radi teško na svom poslu, on može da bude unapređen i da dobije bolje povlastice i veću platu.

Na isti način, kada su Božja deca predana svojim Bogom datim zadacima, njima će biti dodeljeni veći zadaci i veće nagrade. Nagrade sa ove zemlje ne mogu da se uporede sa nagradama u nebeskom kraljevstvu u veličini i slavi. Prema tome, na sopstvenim pozicijama svako od nas mora da postane nestrpljiv u veri i da se moli da postane Božji dragocen radnik.

Ako neko još nema Bogom dat zadatak, on mora da se moli da postane radnik za Božje kraljevstvo. Ako je nekome već dat zadatak, on mora da se moli da ga obavi dobro i da gleda za veći zadatak. Laik mora da se moli da postane đakon, dok đakon mora da se moli da postane starešina. Vođa starešina trebao bi da se moli da postane zamenik župana, zamenik župana da bude županski starešina, a županski starešina da postane više od toga. Ovo ne znači da jedan treba da traži titulu starešine ili đakona. To se odnosi na želju da bude veran svojim zadacima, da ulaže što više napora prema njima i da služi i bude korišćen u većim količinama od Boga.

Najvažnija stvar za osobu koja ima Bogom date zadatke je vrsta odanosti sa kojom on može i više nego da obavlja čak i veće zadatke od zadataka koje trenutno ima. Zbog ovoga, on mora da se moli da bi mu Bog zapovedio: „Dobro urađeno, dobri i odani slugo!"

1. Korinćanima Poslanica 4:2 nam govori: „A od pristava se ne traži više ništa, nego da se ko veran nađe." Prema tome, svako od nas mora da se moli da postane Boji odan radnik u našoj crkvi, telo Hrista i u našim različitim pozicijama.

4) Molba za svakodnevni hleb

Da bi oslobodio čoveka od njegovog siromaštva, Isus je rođen siromašan. Da bi iscelio svaku bolest i slabost, Isus je proboden i prolio je Njegovu krv. Prema tome, to je samo prirodno Božjoj deci da uživaju u obilnim i zdravim životima i da im svaka stvar ide dobro u životu.

Kada mi prvo tražimo ispunjenje Božjeg kraljevstva i pravednosti, On nam govori da će nam takođe sve te stvari biti date (Jevanđelje po Mateju 6:33). Drugim rečima, nakon što tražimo ispunjenje Božjeg kraljevstva i pravednosti, mi ćemo se moliti za stvari koje su potrebne na ovoj zemlji, kao što su hrana, sklonište, posao, blagoslov za naš posao, dobrobit u našoj porodici i slično tome. Bog će nas tada ispuniti baš kao što je On i obećao. Imajte na umu da ako tražimo takve stvari zbog naših pohotnih želja a ne zbog Njegove slave, Bog neće odgovoriti na naše molitve. Molitva grešnih želja nema nikakve veze sa Bogom.

3. Tražite i naći ćete

Ako „tražite," to znači da ste nešto izgubili. Bog želi da ljudi poseduju to „nešto" što su izgubili. Zato što nam On zapoveda da tražimo, mi prvo moramo da utvrdimo šta smo to mi izgubili da bi mogli da tražimo to „nešto" što smo izgubili. Mi takođe moramo da smislimo kako ćemo to pronaći.

Šta smo onda mi to izgubili i kako da ga „tražimo?"
Prva osoba koju je Bog stvorio bila je živo biće napravljeno od

duha, duše i tela. Kao živo biće koje je moglo da komunicira sa Bogom koji je Duh, prvi čovek je uživao u blagoslovima koje mu je Bog dao i živeo je po Njegovoj Reči.

Ipak, nakon što ga je Sotona zavela, prvi čovek se nije pokorio Božjoj zapovesti. U Postanku 2:16-17 mi nailazimo: „I zapreti GOSPODBog čoveku govoreći: 'Jedi slobodno sa svakog drveta u vrtu; ali s drveta od znanja dobra i zla, s njega ne jedi; jer u koji dan okusiš s njega, umrećeš.'"

Čak iako je ceo zadatak čoveka da se plaši Boga i da održava Njegove Zapovesti (Knjiga Propovednika 12:13), prvi stvoren čovek nije održao Božju zapovest. Na kraju, kako ga je Bog upozorio, nakon što je jeo sa drveta spoznaje dobra i zla, njegov duh u njemu je umro i on je postao čovek od duše koji nije više mogao da komunicira sa Bogom. Pored svega, duhovi njegovih potomaka su umrli i oni su postali ljudi od mesa i nisu više mogli da obavljaju svoje svete dužnosti. Adam je bio izbačen iz Edenskog vrta na prokletu zemlju. On i svi oni koji su došli posle njega sada su morali da žive u usred tuge, patnje i bolesti i samo sa znojem sa njihovog lica mogli su da jedu. Šta više, oni više nisu mogli da žive na dostojan način u cilju Božjeg stvaranja već kako su se besmislene stvari sprovodile u skladu sa njihovim mislima, oni su postali podmitljivi.

Da bi pojedinac čiji je duh umro i samo je od svoje duše i mesa ponovo živeo na način vredan nameni Božjeg stvaranja, on mora da povrati izgubljeni duh. Samo kada je mrtav duh u čoveku oživljen, on postaje čovek od duha i može da komunicira sa Bogom koji je Duh i moći će da živi kao iskren čovek. Zbog toga nam Bog zapoveda da tražimo naš izgubljeni duh.

Bog je otvorio put za sve ljude da ožive svoj mrtvi duh i taj put je Isus Hrist. Kada mi verujemo u Isusa Hrista, kao što nam je Bog obećao, mi ćemo dobiti Svetog Duha i Sveti Duh će ući i boraviti u nama i vratiće u život naš mrtvi duh. Kada mi tražimo Božje lice i primimo Isusa Hrista nakon što čujemo Njegovo kucanje na vratima našega srca, Sveti Duh će doći i izrodiće duh (Jevanđelje po Jovanu 3:6). Kako mi živimo u pokornosti prema Svetom Duhu, odbacimo dela mesa, revnosno slušamo, uzimamo, pravio hleba od toga i molimo se sa Božjom Rečju, uz Njegovu pomoć mi ćemo moći da živimo po Njegovoj Reči. Ovo je proces u kome je mrtvi duh oživljen i jedan postaje čovek od duha i obnavlja izgubljenu sliku Božju.

Kada mi želimo da pojedemo veoma hranljivo žumance iz jajeta, mi najpre treba da razbijemo ljusku od jajeta i da izvadimo belanac. Na sličan način, kako bi pojedinac postao čovek od duha, njegova dela mesa moraju da budu odbačena i on mora da ponovo rodi duha uz Svetog Duha. Ovo je „traženje" o kome Bog govori.

Pretpostavimo da su svi električni sistemi na svetu isključeni. Ni jedan ekspert koji radi sam ne može da obnovi sisteme. Trebalo bi veoma dugo vremena za eksperta da pošalje električare i da proizvede potrebne delove kako bi se struja obnovila u svakom delu sveta.

Slično tome, da bi oživeo mrtvi duh i postao u potpunosti čovek od duha, jedan mora da čuje i zna Reč Božju. Ipak, poznavati samu Reč nije dovoljno da bi on postao čovek od duha, on mora revnosno da je prihvati, napravi hleb i moli se sa Rečju da bi mogao da živi po Božjoj Reči.

4. Kucaj i vrata će ti se otvoriti

„Vrata" o kojima Bog govori su vrata obećanja koja će se otvoriti kada na njih pokucamo. Na koju vrstu vrata nam Bog govori da kucamo? To su vrata do srca našeg Boga.

Pre nego što smo pokucali na vrata srca našeg Boga, On je prvo pokucao na vratima našeg srca (Otkrivenje Jovanovo 3:20). Kao rezultat, mi smo otvorili vrata našeg srca i prihvatili Isusa

Hrista. Sada, na nas je red da pokucamo na vratima Njegovog srca. Zato što je srce našeg Boga prostranije nego nebesa i dublje nego okean, kada mi pokucamo na vrata Njegovom neizmerivog srca, mi možemo da dobijemo sve.

Kako se mi molimo i kucamo na vratima Njegovog srca, On će otvoriti kapije i zasuće nas blagom. Kada Bog, koji otvori i niko ne može da zatvori, koji zatvori i niko ne može da otvori, otvori kapije nebeske i obećava da će nas blagosloviti, niko ne može da Njemu stane na put i poplavi blagoslova (Otkrivenje Jovanovo 3:7).

Mi možemo da dobijemo Božje odgovore kada kucamo na vratima Njegovog srca. Ipak, u zavisnosti koliko neko kuca na vratima, on može da dobije ili velike ili male blagoslove. Ako on želi da dobije velike blagoslove, kapije nebesa moraju da budu širom otvorene. Prema tome, on treba da kuca na vratima Božjeg srca mnogo jače i revnosno i da Njemu udovolji.

Pošto je Bog zadovoljan kada mi odbacimo zlo i živimo po Njegovim zapovestima u istini, ako živimo po Reči Božjoj, mi možemo da dobijemo šta god da potražimo. Drugim rečima „kucati na vratima srca Božjeg" se odnosi na živeti po Božjim zapovestima.

Kada mi revnosno kucamo na vratima Njegovog srca, Bog nas nikada neće prekoriti i reći: „Zašto kucaš toliko glasno?" To je upravo suprotno. Bog će biti još više zadovoljniji i želeće da nam da ono što tražimo. Prema tome, ja se nadam da ćete vi kucati na vrata Božjeg srca sa svojim delima, da ćete dobiti sve što tražite i da ćete zbog toga dati veliku slavu Bogu.

Jeste li nekada uhvatili pticu sa praćkom? Ja se sećam da sam jednom čuo jednog od prijatelja moga oca koji je pohvalio moje sposobnosti u pravljenju praćke. Praćka je sprava koja je pažljivo pravljena od rezbarenog komada drveta i ispaljuje kamen sa gume koja je vezana na parčetu drveta u obliku slova „Y."

Ako bih uporedio Jevanđelje po Mateju 7:7-11 sa praćkom, „tražiti" se odnosi na praćku i kamen sa kojom se hvata ptica. Onda vi treba dobro da se opremite da bi imali sposobnost da pogodite pticu. Šta bi vam dobra praćka i kamen uradili kada ne bi znali kako da gađate? Možda ćete poželeti da napravite metu, da se upoznate sa karakteristikama praćke, vežbate gađajući metu i utvrđujete i razumećete najbolje načine da bi pogodili pticu. Ovaj proces je jednak „traženju." Čitajući, uzimajući je, praviti hleb od Reči Božje, kao dete Božje ste sada opremili sebe sa kvalifikacijama da dobijete Njegove odgovore.

Ako ste sebe opremili sa sposobnošću da baratate praćkom i imate dobro gađanje, vi sada morate da gađate i ovo može da se uporedi sa „kucanjem." Čak iako su praćka i kamen spremni i čak iako ste sebe osposobili sa veštinama da dobro gađate, ako ne gađate vi ne možete da uhvatite pricu. Drugim rečima, samo kada mi živimo po Reči Božjoj od koje smo napravili hleb u našim srcima, mi ćemo dobiti ono što smo tražili od Njega.

Ištenje, traženje i kucanje nisu odvojeni procesi već isprepletana procedura. Sada vi znate šta da ištete,tražite i na šta da kucate Da date veliku slavu Bogu kao Njegovo blagosloveno dete kako dobijete odgovore na želje vašeg srca marljivim i revnosnim ištenjem, traženjem i kucanjem, u ime našeg Gospoda ja se molim!

Poglavlje 2

Verujte da ste ih primili

Jer vam zaista kažem: ako ko reče gori ovoj,
„Digni se i baci se u more"
i ne posumnja u srcu svom,
nego uzveruje da će biti kao što govori,
biće mu šta god reče.
Zato vam kažem,
sve što ištete u svojoj molitvi,
verujte da ćete primiti,
i biće vam.

(Jevanđelje po Marku 11:23-24)

1. Velika moć vere

Jednog dana, dok su Njega pratili Isusovi učenici čuli su njihovog Učitelja kako govori besplodnom drvetu smokve: „Da nikad na tebi ne bude roda do veka!" Kada su oni videli da je drvo uvenulo do svojih korena, učenici su bili zapanjeni i ispitivali su Isusa. U odgovoru On im je rekao: „Zaista vam kažem: ako imate veru i ne posumnjate, ne samo smokveno učinićete, nego i gori ovoj ako kažete: Digni se i baci se u more, biće" (Jevanđelje po Mateju 21:21).

Isus je takođe obećao: „Zaista, zaista vam kažem: koji veruje Mene, dela koja Ja tvorim i on će tvoriti, i veća će od ovih tvoriti; jer Ja idem k Ocu Mom. I šta god zaištete u ime Moje, ono ću vam Ja učiniti, da se proslavi Otac u Sinu. I ako šta zaištete u ime Moje, Ja ću učiniti" (Jevanđelje po Jovanu 14:12-14), i „Ako ostanete u Meni i reči Moje u vama ostanu, šta god hoćete ištite, i biće vam. Tim će se Otac Moj proslaviti, da rod mnogi rodite; i bićete Moji učenici" (Jevanđelje po Jovanu 15:7-8).

Ukratko, zato što je Bog Stvoritelj Otac onih koji su prihvatili Isusa Hrista, željama u njihovim srcima može biti odgovoreno kada veruju i povinuju se Božjoj Reči. U Jevanđelju po Mateju 17:20 Isus nam govori: „Za neverstvo vaše; jer vam kažem zaista, ako imate vere koliko zrno gorušičino, reći ćete gori ovoj: Pređi odavde tamo, i preći će, i ništa neće vam biti nemoguće." Zašto onda mnogi ljudi ne uspevaju da dobiju odgovore od Boga i ne mogu da daju slavu Njemu uprkos mnogim provedenim satima u molitvi? Hajde da istražimo kako možemo da dajemo slavu Bogu dok smo dobili sve za šta smo se molili i tražili.

2. Veruj u svemogućeg Boga

Da bi čovek održao svoj život od momenta svog rođenja, on će verovatno zahtevati neke neophodne stavke kao što je hrana, odeća, sklonište i slično tome. Ipak, najvažniji sastavni elemenat da bi se održao život je disanje; omogućuje životnu egzistenciju mogućom i življenje čini vrednim. Dok deca Božja koja su prihvatila Isusa Hrista i bila ponovo rođena takođe zahtevaju mnoge stvari u životu, najosnovnije od svega u njihovim životima je molitva.

Molitva je prolaz dijaloga sa Bogom koji je Duh kao i dah za naš duh. Šta više, za molitvu se takođe podrazumeva da tražimo Boga i dobijemo Njegove odgovore, najvažniji segment u molitvi je srce sa kojim mi verujemo u svemogućeg Boga. U zavisnosti od stepena nečijeg verovanja u Boga kako se moli, on će osetiti sigurnost u Božjem odgovoru i dobiće odgovore u skladu sa njegovom verom.

Sada, ko je taj Bog u koga mi stavljamo našu veru? U opisivanju Sebe u Otkrivenju Jovanovom 1:8, Bog je rekao: „Ja sam Alfa i Omega, Početak i Svršetak, govori Gospod, koji jeste, i koji beše, i koji će doći, Svedržitelj." Bog predstavljen u Starom Zavetu je Stvoritelj svega u univerzumu (Postanak 1:1-31), i razdelio je Crveno more i onda je dozvolio Izraelcima koji su napustili Egipat da ga pređu (Izlazak 14:21-29). Kada su se Izraelci povinovali Božjoj zapovesti i marširali oko grada Jerihona sedam dana i glasno vikali, naizgled neuništive zidine Jerihona su se srušile (Isus Navin 6:1-21). Kada se Isus Navin molio Bogu u sredini borbe protiv Amorejca, Bog je zaustavio sunce i mesec je stao (Isus Navin 10:12-14).

U Novom Zavetu, Isus, Sin svemogućeg Boga, podizao je mrtve iz groba (Jevanđelje po Jovanu 11:17-44), isceljivao svaku bolest i slabost (Jevanđelje po Mateju 4:23-24), otvorio oči slepome (Jevanđelje po Jovanu 9:6-11) i načinio da hrom ustane i ponovo hoda (Dela Apostolska 3:1-10). On je takođe jednom isterao silu neprijatelja đavola i zle duhove Njegovom Rečju (Jevanđelje po Marku 5:1-20), a sa pet vekni hleba i dve ribe, On je obezbedio dovoljno hrane za 5.000 ljudi da jedu i budu siti (Jevanđelje po Marku 6:34-44). Šta više, smirujući vetar i talase, On je pokazao nama iz prve ruke da je On Gospodar svih stvari u univerzumu (Jevanđelje po Marku 4:35-39).

Prema tome, mi moramo da verujemo u svemogućeg Boga koji nam daje dobre darove u Njegovoj obilnoj ljubavi. Isus nam je rekao u Jevanđelju po Mateju 7:9-11: „Ili koji je među vama čovek u koga, ako zaište sin njegov hleba kamen da mu da? Ili ako ribe zaište, da mu da zmiju? Kad dakle vi, zli budući, umete dare dobre davati deci svojoj, koliko će više Otac vaš nebeski dati dobra onima koji Ga mole!" Bog ljubavi želi da da nama Njegovoj deci najlepše darove.

U njegovoj preobilnoj ljubavi Bog nam je dao Njegovog jednog i jedinog sina. Šta više nam On ne bi dao? Isaija 53:5-6 nam govori: „Ali On bi ranjen za naše prestupe, izbijen za naša bezakonja; kar beše na Njemu našeg mira radi, i ranom Njegovom mi se iscelismo. Svi mi kao ovce zađosmo, svaki nas se okrenu svojim putem, i GOSPOD pusti na Nj bezakonje svih nas." Iako je Isusa Hrista Bog pripremio za nas, mi smo dobili život iz smrti i mi možemo da uživamo u miru i budemo isceljeni.

Ako Božja deca služe svemogućem i živom Bogu kao

njihovom Ocu i veruju da Bog uzrokuje da sve stvari idu zajedno za dobro onih koji Njega vole i odgovara onima koji vape za Njim, oni ne smeju da budu zabrinuti ili nestrpljivi u vremenima iskušenja i nevolja, već umesto toga da daju zahvalnost, radost i mole se.

Ovo je „verovanje u Boga" i On je zadovoljan da vidi takav prikaz nečije vere. Bog nam takođe odgovara u skladu sa našom verom i pokazujući nam dokaz Njegovog postojanja, Bog nam dozvoljava da Njemu dajemo slavu.

3. Tražite u veri i ne sumnjajte

Bog stvoritelj nebesa, zemlje i čovečanstva dozvolio je čoveku da zapiše Bibliju kako bi Njegova volja i proviđenje bile poznate svima. U svim vremenima, Bog takođe prikazuje sebe onima koji veruju i koji se pokoravaju Njegovoj Reči i dokazuje nam da je On živ i svemogući kroz manifestovanja čudesnih znakova i čuda.

Mi možemo da verujemo u živog Boga dok samo gledamo na stvaranje (Poslanica Rimljanima 1:20) i dajemo slavu Bogu dobijanjem Njegovih odgovora sa našim molitvama koje su praćene našom verom u Njega.

Postoje „telesna vera" sa kojom mi možemo da verujemo zato

što su naše znanje i misli u skladu sa Božjom Rečju i „duhovna vera," vrsta vere sa kojom možemo da dobijemo od Njega odgovore. Dok je ono što nam Božja Reč govori da je nemoguće kada se poredi sa ljudskim znanjem i mislima, kada tražimo od Njega sa verom u Njega, Bog nam daje veru i osećaj sigurnosti. Ovi elementi se kristališu u odgovor i ovo je duhovna vera.

Prema tome Jakovljeva Poslanica 1:6-8 nam govori: „Ali neka ište s verom, ne sumnjajući ništa; jer koji se sumnja on je kao morski valovi, koje vetrovi podižu i razmeću. Jer takav čovek neka ne misli da će primiti šta od Boga, koji dvoumi nepostojan je u svima putevima svojim."

Sumnja potiče od ljudskog znanja, misli, argumenata i pretenzije i to do nas dolazi od strane neprijatelja đavola. Srce koje sumnja je dvostruku um i lukavstvo i Bog to najviše prezire. Koliko tragično bi bilo da vaša deca ne veruju već sumnjaju u to da li ste njihov biološki otac ili majka? Na isti način, kako Bog može da odgovori na molitve Njegove dece ako oni ne mogu da Njemu veruju da je On njihov Otac, iako ih je On rodio i negovao?

Mi smo zbog toga podsećani: „Jer telesno mudrovanje neprijateljstvo je Bogu, jer se ne pokorava zakonu Božijem niti može, a koji su u telu ne mogu Bogu ugoditi" (Poslanica

Rimljanima 8:7-8), a naređuje nam: „I svaku visinu koja se podiže na poznanje Božije, i robimo svaki razum za pokornost Hristu" (2. Poslanica Korinćanima 10:5). Kada se naša vera transformiše u duhovnu veru i kada ne sumnjamo čak ni malo, Bog je svakako zadovoljan i daće nam sve ono što smo tražili. Kada nisu čak ni sumnjali ni Mojsije ni Isus Navin već su činili samo sa verom, oni su mogli da razdvoje Crveno more i unište zidine grada Jerihona. Na isti način, kada kažete planini: „Digni se i baci se u more" i ne sumnjate u vašem srcu već verujete da to što ste rekli će se dogoditi, to će biti za vas učinjeno.

Pretpostavimo da ste rekli Mont Everestu: „Idi i baci se u Indijski okean." Da li ćete dobiti odgovor na vašu molitvu? Očigledno je da će nastati globalni haos ako bi bio bačen u Indijski okean Mont Everest. Zbog ovoga to ne može biti i to nije Božja volja, na takvu molitvu biće ne odgovoreno bez obzira koleko se moli za to zato što On vam neće dati duhovnu veru sa kojom možete da verujete u Njega.

Ako se vi molite za nešto što je protiv Božje volje, vrsta vere sa kojom vi možete da verujete u vašem srcu neće stići do vas. Možda ćete verovati da će na vašu molitvu biti odgovoreno ali kako vreme prolazi, sumnje će početi da rastu. Samo kada se molimo i tražimo u skladu sa voljom Božjom bez čak i malo sumnji, mi ćemo dobiti Njegov odgovor. Prema tome, ako na vašu molitvu još nije odgovoreno, vi morate da razumete da je to zbog toga što ste tražili nešto što je protiv volje Božje ili da ste krivi što ste sumnjali ili što sumnjate u Njegovu Reč.

1. Poslanica Jovanova 3:21-22 nas podseća: „Ljubazni, ako nam srce naše ne zazire, slobodu imamo pred Bogom; i šta god zaištemo, primićemo od Njega, jer zapovesti Njegove držimo i činimo šta je Njemu ugodno."

Ljudi koji se po0koravaju božjim zapovestima i koji čine ono što Bogu udovoljava ne traže stvari koje idu protiv volje Božje. Mi možemo da dobijemo sve što poželimo sve dok je naša molitva u skladu sa Njegovom voljom. Bog nam govori: „Sve što ištete u svojoj molitvi, verujte da ćete primiti, i biće vam" (Jevanđelje po Marku 11:24).

Prema tome, da bi dobili Božji odgovor, vi morate najpre od Njega da dobijete duhovnu veru koju On daje kada činite i živite po Njegovoj Reči. kako vi uništavate sve argumente i špekulacije koje su narasle protiv znanja Božjeg, sumnje će nestati i počećete da posedujete duhovnu veru, a na taj način ćete dobiti sve što ste tražili.

4. Sve stvari za koje se molite i tražite, verujte da ste ih već dobili

Brojevi 23:19 nas podsećaju: „Bog nije čovek da laže, ni sin čovečji da se pokaje, šta kaže neće li učiniti? I šta reče neće li izvršiti?"

Ako vi zaista verujete u Boga, tražite sa verom i ne sumnjate čak ni malo, vi morate da verujete da ste već dobili sve što ste potražili i za šta ste se molili. Bog je svemoguć i veran i On obećava da će nam odgovoriti.

Zašto onda mnogi ljudi govore da nisu dobili Njegov odgovor uprkos njihovoj molitvi sa verom? Zar je ovo zato što im Bog nije odgovorio? Ne. Bog im je svakako odgovorio ali potrebno je vremena zato što oni nisu još pripremili sebe kao posude dovoljno vredne da sadrže Njegove odgovore.

Kada seljak posadi seme, on veruje da će požnjeti plodove ali ne može odmah da sakupi plodove. Nakon što je seme posađeno, ono klija, cveta i daje plodove. nekom semenu je potrebno duže vremena branje plodova nego drugi. Slično tome, proces primanja Božjeg odgovora zahteva takvo sađenje i negovanje procedure.

Pretpostavimo da se neki student molio: „Dozvoli mi da uđem i da studiram na univezitetu Harvard." Ako se molio sa verom Njegove moći, Bog će svakako da odgovori na molitvu studenta. međutim, odgovor na njegovu molitvu možda neće odmah da dođe. Bog priprema studenta da raste da postane posuda prikladna za Njegove odgovore i u kasnijem vremenu On će odgovoriti na molitvu. Bog će mu dati srce da uči naporno i revnosno tako da on može da bude odlikovan u školi. Kako student nastavi da se moli, Bog će pomeriti iz njegovih misli svetovne misli i daće mu mudrost i prosvetliće ga da još efikasnije studira. U skladu sa delima studenta, Bog će upravljati u svakoj situaciji u njegovom životu da bi mu povoljno išla i opremiće studenta sa kvalifikacijama da uđe na Harvard i kada dođe vreme, Bog će mu dozvoliti da uđe na Harvard.

Isti princip se primenjuje i nad ljudima pogođenim bolešću. Kako oni uče kroz Božju Reč zašto je bolest došla i kako oni mogu da budu isceljeni, kada se oni mole sa verom oni mogu da prime isceljenje. Oni moraju da otkriju zid greha koji stoji između njih i Boga i da stignu do dna izvora bolesti. Ako je bolest došla zbog mržnje, oni moraju da odbace mržnju i da transformišu svoje srce u ono koje voli. Ako je bolest iznešena zbog prejedanja, oni moraju da prime od Boga moć samokontrole i poprave tu štetnu naviku. Samo kroz takav proces Bog daje ljudima veru sa kojom oni mogu da veruju i pripreme sebe da budu prikladne posude da bi dobili Njegove odgovore.

Molitva za napredovanje nečijeg poslovanja se ne razlikuje od slučajeva navedenih gore. Ako se vi molite da bi dobili blagoslove kroz vaše poslovanje, Bog će najpre vas staviti na test da bi postali posude vredne Njegovog blagoslova. On će vam dati mudrost i moć kako bi se vaša sposobnost u vođenju poslova istakla, da će vam se vaše poslovanje proširiti i da ćete moći da budete vođeni do savršene situacije u kojoj vodite poslove. On će vas voditi do čestitih osoba, uveliko će uvećati vaše prihode i kultivisaće vaše poslovanje. Kada vreme Njegovog odabira dođe, On će odgovoriti baš kao što ste se vi molili.

Kroz ovaj proces setve i negovanja, Bog će voditi vašu dušu ka napretku i staviće vas na test da bi od vas napravio posudu dovoljno vrednu u dobijanju svega što ste tražili od Njega. Prema tome, u vama nikada ne treba da raste nestrpljivost zasnovana na vašim sopstvenim mislima. Umesto toga, vi treba da prilagodite sebe Božjim okvirima i da čekate na Njegovo vreme, sa verovanjem da ste već dobili Njegove odgovore.

Svemogući Bog, u skladu sa zakonima duhovnog kraljevstva, odgovara Njegovoj deci u Njegovoj pravdi i zadovoljan je kada oni od Njega traže sa verom. Poslanica Jevrejima 11:6 nas podseća: „A bez vere nije moguće ugoditi Bogu; jer onaj koji hoće da dođe k Bogu, valja da veruje da ima Bog i da plaća onima koji Ga traže."

34 · Tražite i molite se

Da udovoljite Bogu posedujući vrstu vere sa kojom verujete da ste već sve dobili što ste tražili u molitvi i da date veliku slavu Njemu dobijajući sve što ste tražili, u ime našeg Gospoda ja se molim!

Poglavlje 3

Vrsta molitve sa kojom je Bog zadovoljan

I izišavši otide po običaju
na goru Maslinsku;
a za Njim otidoše učenici Njegovi.
A kad dođe na mesto,
reče im,
„Molite se Bogu da ne padnete u napast."

I sam odstupi od njih kako se može kamenom dobaciti,
i kleknuvši na kolena moljaše se Bogu:
„Kad bi hteo da proneseš ovu čašu mimo Mene;
Ali ne Moja volja nego Tvoja da bude."
A anđeo Mu se javi s neba,
i krepi Ga.
I budući u borenju, moljaše se bolje;
znoj pak Njegov beše kao kaplje krvi,
koje kapahu na zemlju.

(Jevanđelje po Luki 22:39-44)

1. Isus je dao primer odgovarajuće molitve

Jevanđelje po Luki 22:39-44 prikazuje scenu u kojoj se Isus molio u Getsimaniji u noći pre nego što je On trebao da ponese krst da bi otvorio put spasenja za čovečanstvo. Ovi stihovi nam govore o mnogim aspektima koju vrstu stava i srca bi mi trebali da imamo kada se molimo.

Kako se Isus molio da je On ne samo nosio težak krst već takođe je i prevazišao neprijatelja đavola? Koju vrstu srca je Isus preuzeo kada se On molio da je Bog bio zadovoljan sa Njegovom molitvom i poslao je anđela sa nebesa da Njega ojača?

Na osnovu ovih stihova, dozvolite nam da istražimo pravilan stav u molitvama i vrstu molitve sa kojom je Bog zadovoljan i ja naređujem svakome od vas da ispitate svoj sopstveni život u molitvi.

1) Isus se uobičajeno molio

Bog nam je rekao da se molimo bez prestanka (1. Solunjanima Poslanica 5:17) i obećao nam je da će nam dati šta god da potražimo od Njega (Jevanđelje po Mateju 7:7). Iako je pravilno da se molimo stalno i da tražimo sve vreme, većina ljudi se se moli samo kada nešto želi ili kada imaju probleme.

Ipak, Isus izišavši otide po običaju na goru Maslinsku (Jevanđelje po Luki 22:39). Prorok Danilo nastavio je da kleči na kolenima tri puta dnevno, molio se i davao zahvalnost pred Bogom, kao što je i ranije to činio (Danilo 6:10), a dva učenika Isusova Petar i Jovan odvajali su određeno vreme u toku dana da bi se molili (Dela Apostolska 3:1).

Mi moramo da pratimo Isusov primer i da razvijemo naviku u odvajanju određenog vremena i da se molimo stalno svaki dan. Bog je naročito zadovoljan sa molitvama u zoru sa kojima oni sve čine za Boga na početku svakog dana i večernjom molitvom sa kojom oni daju zahvalnost za Božju zaštitu za zaštitu tokom dana i na kraju svakoga dana. Kroz ove molitve vi možete da dobijete Njegovu veliku moć.

2) Isus je kleknuo da bi se molio

Kada kleknete, srce sa kojim se vi molite stoji pravo i vi pokazujete poštovanje prema ljudima o kojim govorite. To je samo normalno za svakoga ko se moli Bogu da klekne kada se moli.

Isus Sin Božji molio se sa poniznim stavom kako je On kleknuo da se moli svemogućem Bogu. Kralj Solomon (1. Knjiga Kraljevima 8:54), apostol Pavle (Dela Apostolska 20:36) i đakon

Stefan koji je umro kao mučenik (Dela Apostolska), svi oni su klečali kada su se molili.

Kada mi tražimo uslugu ili neke stvari koje želimo od naših roditelja ili nekoga sa autoritetom, mi postajemo nervozni i preduzimamo sve mere da ne počinimo neke greške. Kako onda mi treba da se pojavimo sa aljkavim umom i telom ako znamo da se obraćamo Bogu Stvoritelju? Kleknuti na zemlju je izraz vašeg srca koje poštuje Boga i veruje u Njegovu moć. Mi moramo sebe da sredimo i da ponizno kleknemo dole kada se molimo.

3) Isusova molitva je bila u skladu sa voljom Božjom

Isus se molio Bogu: „Ali ne Moja volja nego Tvoja da bude" (Jevanđelje po Luki 22:42). Isus Sin Božji došao je na zemlju da umre na drvenom krstu čak iako je bio bezgrešan i nevin. Zbog toga se On molio: „Oče, kad bi hteo da proneseš ovu čašu mimo Mene" (Jevanđelje po Luki 22:42). Ali on je znao volju Božju da će spasiti čovečanstvo kroz jednog pojedinca i molio se ne sa Svoje dobro već u skladu sa Božjom voljom.

1. Korinćanima Poslanica 10:31 nam kaže: „Ako dakle jedete, ako li pijete, ako li šta drugo činite, sve na slavu Božju činite." Ako mi tražimo nešto što nije za slavu Božju već umesto toga su to radije požudne želje, mi ne činimo odgovarajuće

zahteve; mi moramo da se molimo samo u skladu sa Božjom voljom. Šta više, Bog nam govori da imamo u mislima ono što nalazimo u Jakovljevoj Poslanici 4:2-3: „Želite i nemate; ubijate i zavidite, i ne možete da dobijete. Borite se i vojujete. I nemate, jer ne ištete. Ištete, i ne primate, jer zlo ištete, da u slastima svojim trošite." Tako da, mi moramo da pogledamo unazad i da vidimo da li smo se molili samo za naše sopstveno dobro.

4) Isus se borio u molitvi

U Jevanđelju po Luki 22:44 mi nailazimo na to koliko se iskreno Isus molio. „I budući u borenju, moljaše se bolje; znoj pak Njegov beše kao kaplje krvi, koje kapahu na zemlju."

U Getsimaniji gde se Isus molio u noći vreme je bilo veoma hladno tako da je bilo veoma teško da se neko znoji. Sada, možete li da zamislite koliko je Isus napinjao sebe u iskrenosti i sa iskrenim molitvama da je Njegov znoj postao kao kapljice krvi koje su padale na zemlju? Da se Isus molio u tišini, da li je mogao tako iskreno On da se moli da se znoji dok se moli? Kako je Isus dozivao Boga strastveno i iskreno, njegov znoj je postao „kao kaplje krvi, koje kapahu na zemlju."

U Postanku 3:17 Bog govori Adamu: „Što si poslušao ženu i

okusio s drveta s kog sam ti zabranio rekavši da ne jedeš s njega, zemlja da je prokleta s tebe, s mukom ćeš se od nje hraniti do svog veka." Pre nego što je čovek bio proklet, on je živeo životom u izobilju sa svim što je Bog za njega proizveo. Kada je greh ušao zbog njegove nepokornosti prema Bogu, njegova komunikacija sa njegovim Stvoriteljem došla je do kraja i samo kroz bolan znoj on je mogao da sada jede.

Ako ono što je za nas moguće možemo da postignemo samo sa teškim mukama, šta mi treba da uradimo kada tražimo od Boga nešto što ne možemo da učinimo? Molim vas setite se da samo kada dozivamo Boga u molitvama, teškim mukama i znojem, mi možemo da dobijemo šta želimo od Boga. Šta više, imajte na umu kako nam je Bog rekao da su teške muke i napor neophodni da uberemo plodove i kako se Isus Sam iskreno mučio i borio u molitvi. Imajte ovo na umu, činite upravo onako kako je Isus činio i molite se na način koji ugađa Bogu.

Mi smo do sada već istražili način kako se Isus koji je dao odgovarajući primer molitve, molio. Ako se Isus, koji je posedovao svu vlast, molio do mere da postavi odgovarajući primer, sa kojom vrstom stava bi mi obična Božja stvorenja trebali da se molimo? Spoljašnji izgled i stav nečije molitve izražava njegovo srce. Prema tome, vrsta srca sa kojom se mi molimo treba da bude jednako važno kao i stav sa kojim se mi molimo.

2. Osnove za pojedine vrste molitva sa kojim je Bog zadovoljan

Sa kojom vrstom srca bi mi trebali da se molimo kako bi udovoljili Bogu i kako bi On odgovorio na naše molitve?

1) Vi morate da se molite svim srcem

Mi smo naučili kroz način na koji se Isus molio da molitva iz nečijeg srca potiče od stava sa kojim se neko moli Bogu. Mi iz stava možemo da kažemo sa kojom vrstom srca se neko moli.

Pogledajte na Jakovljevu molitvu u Postanku 32. Sa rekom Javok ispred, Jakov se našao u neprilici. Jakov nije mogao da se vrati nazad zato što se dogovorio sa njegovim ujakom Lavanom da neće preći liniju granice nazvanu Galed. On sa druge strane opet nije mogao da pređe Javok, jer je njegov brat Isav čekao sa 400 ljudi da zarobe Jakova. Bilo je to tako očajno vreme kada je Jakovljev ponos i ego na koga se on oslanjao, bio potpuno uništen. Jakov je na kraju shvatio da samo kada sve preda Bogu i dotakne Njegovo srce svi njegovi problemi mogu da budu rešeni. Kako se Jakov borio u molitvi do tačke da je polomio kuk, on je na kraju dobio Božji odgovor. Jakov je mogao da dodirne Njegovo srce i da se pomiri sa bratom koji ga je čekao da se dogovore.

Pogledajte malo bolje na 1. Knjigu kraljevima u kojoj je prorok Ilija primio Božji „vatren odgovor" i dao veliku slavu Bogu. Kada je idolopoklonstvo bilo napredno za vreme vladavine kralja Ahava, Ilija je samostalno pregovarao sa 450 proroka Vala i porazio ih iznoseći Božje odgovore pred Izraelcima i svedočio o živom Bogu.

Ovo je bilo vreme kada je Ahav mislio da je prorok Ilija kriv za tri i po godine suše koja je pogodila Izrael i tražio je proroka. Međutim, kada je Bog naredio Iliji da ode pred Ahava, prorok se brzo povinovao. Kako je prorok stao pred kraljem koji je gledao kako da ga ubije, smelo govorio ono što je Bog govorio kroz njega i sve preokrenuo sa molitvom vere koja nije sadržala ni malo sumnje, delo pokajanja se manifestovalo za ljude koji su služili idolima kako su se vraćali Bogu. Šta više, Ilija je čučnuo na zemlju i stavio svoju glavu među kolena kada se iskreno molio kako mi doveo Božja dela na zemlju i stavio tačku na sušu koja je mučila zemlju tri i po godine (1. Kraljevima 18:42). Naš Bog nas podseća u Jezekilju 36:36-37: „Ja GOSPOD rekoh, i učiniću." Ovako veli GOSPOD BOG: „Još će me tražiti dom Izrailjev da im učinim, da ih umnožim ljudima kao stado." Drugim rečima, iako je Bog obećao Iliji jaku kišu nad Izraelom, jaka kiša ne bi mogla da padne bez Ilijine iskrene molitve iz srca. Molitva iz našeg srca može iskreno da pomeri i zadivi Boga, koji će nam brzo odgovoriti i dozvoliće nam da damo Njemu slavu.

2) Mi moramo da uzvikujemo Boga u molitvi

Bog nam je obećao da će nas On slušati i sresti se sa nama kada Njega dozivamo i kada dođemo i Njemu se molimo i Njega tražimo sa svim našim srcem (Jeremija 29:12-13, Poslovice 8:17). U Jeremiji 33:3 On takođe obećava: „Zovi Me, i odazvaću ti se, i kazaću ti velike i tajne stvari, za koje ne znaš." Razlog zašto nam Bog govori da uzvikujemo u molitvi je taj jer kada uzvikujemo Njemu u molitvi i jakim glasom, mi ćemo moći da se molimo svim srcem. Drugim rečima, kada uzvikujemo u molitvi, mi ćemo biti odvojeni od svetovnih misli, umora i pospanosti i naše sopstvene misli neće naći mesto u našem umu.

Ipak, mnoge crkve danas veruju i uče svoje zajednice da biti

Vrsta molitve sa kojom je Bog zadovoljan · 45

tih unutar svetilišta je „pobožno" i „sveto." Kada neka braća uzvikuju Boga jakim glasom, ostatak zajednice ubrzo misli da je to neprilično i čak i osuđuju takve ljude da su jeretici. Ovo međutim, je nastalo bez poznavanja Božje Reči i Njegove volje.

Ranije crkve, koje su svedočile velikim manifestvovanjima Božje moći i oživljavanju, mogle su da udovolje Bogu u ispunjenosti Svetim Duhom kako su podizali svoje glasove ka Bogu kao jedna duša (Dela Apostolska 4:24). Čak i danas, mi možemo da vidimo kako se događaju brojni znakovi i čuda i kako su iskusili veliki preporod, u crkvama koje dozivaju Boga jakim glasom i prate i žive po volji Božjoj.

„Dozivati Boga" se odnosi na molitvu Bogu sa iskrenom molitvom i povišenim tonom. Kroz takvu molitvu, braća i sestre u Hristu mogu da budu ispunjeni Svetim Duhom i kako su ometajuće sile neprijatelja đavola oterane, oni mogu da dobiju odgovore na njihove molitve i duhovne darove.

U Bibliji su mnogobrojni zapisi slučajeva u kojima su Isus i praoci vere uzvikivali Boga i podizali glas i dobili Njegove odgovore.

Hajde da istražimo nekoliko slučajeva u Starom Zavetu.

U Izlazaku 15:22-25, postoji scena u kojoj su Izraelci nakon što su napustili Egipat mnogo ranije, pešice bezbedno prešli

Crveno more koga je Mojsijeva vera razdvojila. Međutim, zato što je vera Izraelaca bila mala, oni su se žalili na Mojsija kada nisu mogli da nađu ništa za piće kako su prošli kroz pustinju Sur. Kada je Mojsije „dozivao" Boga, gorka voda Mera pretvorila se u slatku pijaću.

U Brojevima u poglavlju 12 je scena u kojoj je Mojsijeva sestra Mirijam postala leprozna nakon razgovora sa njim. Kada je Mojsije dozivao Boga, govorivši: „Bože, molim Ti se, isceli je!" Bog je iscelio Mirijam od njene leproze.

U 1. Samuilova 7:9 mi čitamo: „Tada Samuilo uze jedno jagnje odojče, i prinese ga svega GOSPODU na žrtvu paljenicu; i vapi Samuilo ka GOSPODU za Izrailja, i usliši ga GOSPOD."

U 1. Knjiga kraljevima u poglavlju 17 je priča o udovici Sereptu koja je pokazala gostoljubivost Iliji slugi Božom. Kada je njen sin postao bolestan i umro, Ilija je dozvao Boga i rekao: „GOSPODE Bože moj, neka se povrati u dete duša njegova." Bog je čuo glas Ilije i život u detetu se vratio i on je oživeo (1. Knjiga Kraljevima 17:21-22). Kada je Bog čuo Ilijino uzvikivanje, mi nailazimo da je Bog odgovorio na prorokovu molitvu.

Jona, koga je progutala velika ruba i koji je bio unutar nje zbog svoje nepokornosti prema Bogu, takođe je dobio spasenje kako je uzvikivao Boga u molitvi. U Jona 2:2 mi na ilaizo za šta se molio: „Zavapih u nevolji svojoj ka GOSPODU, i usliši me; iz utrobe grobne povikah, i Ti ču glas moj." Bog je čuo njegov vapaj i spasio ga. Bez obzira kakva situacija u kojoj smo sebe pronašli može da bude loša i uznemirujuća kao kod Jona, Bog će nam dati želje našeg srca, odgovoriće nam i daće nam rešenje za naše probleme kada se pokajemo u našim pogrešnim delima u Njegovim očima i Njega dozivamo.

Novi Zavet je takođe ispunjen sa scenama u kojima ljudi dozivaju Boga.

U Jevanđelju po Jovanu 11:43-44 mi nailazimo da je Isus uzvikivao jakim glasom: „Lazare, iziđi napolje," a čovek koji je umro, izašao je, obmotanih ruku i nogu i njegovo lice je bilo umotano platnom. Gotovo da ne bi bilo razlike za mrtvog Lazara da li bi Isus njemu uzviknuo jakim ili tihim glasom. Ipak, Isus je dozivao Boga jakim glasom. Isus je Lazara, čije je telo bilo u grobnici 4 dana, vratio u život sa Njegovom molitvom u skladu sa Božjom voljom i prikazao slavu Božju.

Jevanđelje po Marku 10:46-52 govori nam o isceljenju slepog prosjaka zvanog Vartimej.

I kad izlažaše iz Jerihona, On i učenici Njegovi i narod mnogi, sin Timejev, Vartimej slepi, seđaše kraj puta i prošaše. I čuvši da je to Isus Nazarećanin stade vikati i govoriti: „Sine Davidov, Isuse! Pomiluj me!" I prećahu mu mnogi da ućuti, a on još više vikaše: „Sine Davidov, Pomiluj me! " I stavši Isus reče da ga zovnu. I zovnuše slepca govoreći mu: „Ne boj se, ustani! Zove te." A on zbacivši sa sebe haljine svoje, ustade i dođe k Isusu. I odgovarajući reče mu Isus: „Šta hoćeš da ti učinim?" A slepi reče Mu: „Ravuni, da progledam!" A Isus reče mu: „Idi, vera tvoja pomože ti." I odmah progleda, i ode putem za Isusom.

U Delima Apostolskim 7:59-60, kako je đakon Stefan bio makmenovan do smrti, on je pozvao Gospoda i rekao: „Gospode Isuse! Primi duh moj!" Onda kleče na koljena i povika glasno: „Gospode, ne primi im ovo za greh!"

U čitano je u Delima Apostolskim 4:23-24, 31: „A kad ih otpustiše, dođoše k svojima, i javiše im šta rekoše glavari sveštenički i starešine. A oni kad čuše, jednodušno podigoše glas k Bogu. I pošto se oni pomoliše Bogu zatrese se mesto gde behu sabrani, i napuniše se svi Duha Svetog, i govorahu reč Božju sa slobodom."

Kada dozivate Boga, vi možete da postanete iskreni svedok Isusa Hrista i manifestujete moć Svetog Duha.

Bog nam je rekao da dozivamo Njega čak i kada postimo. Ako mi trošimo mnogo vremena u našem postu u spavanju od umora, mi nećemo dobiti nikakav odgovor od Boga. Bog obećava u Isaiji 58:9: „Tada ćeš prizivati, i GOSPOD će te čuti; vikaćeš, i reći će: 'Evo me.'" U skladu sa Njegovim obećanjem, ako uzvikujemo dok postimo, milost i moć odozgo će se spustiti nad nama i mi ćemo biti pobednici i dobićemo Božji odgovor.

Sa „parabolom o istrajnoj udovici," Isus je retorički postavio pitanje: „A kamoli Bog neće odbraniti izbranih svojih koji Ga mole dan i noć, da će ih odbraniti brzo?" i rekao nam je da uzvikujemo u molitvi (Jevanđelje po Luki 18:1-8).

Prema tome, kao što nam je Isus rekao u Jevanđelju po Mateju 5:18: „Jer vam zaista kažem: dokle nebo i zemlja stoji, neće nestati ni najmanje slovce ili jedna titla iz zakona dok se sve ne izvrši," kada se Božja deca mole, sasvim je prirodno za njih da uzvikuju u molitvi. Ovo je Božja zapovest. Zato što Njegov zaklon nalaže da mi treba da jedemo plodove naše muke, mi možemo da dobijemo Božje odgovore kada Njega dozivamo.

Neki ljudi će brzo odgovoriti, bazirajući svoje tvrdnje na jevanđelje po Mateju 6:6-8 i reći će: „Zar moramo da dozivamo Boga kada već On unapred zna šta nam je potrebno i pre nego što smo tražili?" ili „Zašto da uzvikujemo kada je rekao Isus da se u tajnosti molim u svojoj sobi sa zatvorenim vratima?" Ipak, nigde u Bibliji nećete naći odlomke koji se odnose na ljudske molitve u tajnosti i ugodnim njihovim sobama. Pravo značenje Jevanđelja po Mateju 6:6-8 je naredba da se molimo svim svojim srcima. Uđite u unutrašnju sobu i zatvorite vrata za sobom. Da ste bili u sobi koja je privatna i tiha sa zatvorenim vratima, zar nećete biti odvojeni od spoljašnih kontakata? Baš kao što ćemo biti odsečeni od spoljašnjeg pristupa u našim sopstvenim sobama sa zatvorenim vratima, Isus u Jevanđelju po Mateju 6:6-8 nam govori da se odsečemo od sopstvenih misli, svetovnih misli, briga, strahova i tome slično i molimo se svim svojim srcem.

Šta više, Isus je rekao ovu priču kao lekciju za ljude da znaju da Bog ne sluša molitve Fariseja i sveštenika, koji su se tokom Isusovog vremena molili jakim glasom da bi ih drugi hvalili i videli. Mi ne treba da budemo ponosni na količinu naše molitve. Umesto toga, mi treba da se borimo u našoj molitvi svim svojim srcem Njemu koji traži naša srca i misli, Svemogućem koji zna sve naše potrebe i želje i Onome koji je naš „jedan u svemu."

Teško je moliti se svim svojim srcem u tihoj molitvi. Pokušajte noću da se molite sa meditacijom zatvorenih očiju.

Uskoro ćete se naći u borbi protiv umora i svetovnih misli, umesto da se molite. Kada u borbi sa snom umor raste, vi ćete zaspati pre nego što postanete svesni toga.

Umesto molitve u tišini tihe prostorije: „Tih, pak, dana iziđe na goru da se pomoli Bogu; i provede svu noć na molitvi Božijoj," (Jevanđelje po Luki 6:12), i „A ujutru, vrlo rano ustavši, izađe i ode nasamo, i onde se moljaše Bogu" (Jevanđelje po Marku 1:35). U svom domu, prorok Danilo je ostavio otvorene prozore prema Jerusalimu i nastavio je da kleči na svojim kolenima tri puta na dan, moleći se i davajući zahvalnost pred njegovim Bogom (Danilo 6:10). Petar se popeo na krov da se moli (Dela Apostolska 10:9) a apostol Pavle je izlazio do kapije uz reku gde je pretpostavljao da će postojati mesto za molitvu i molio se na mestu za molitve dok je boravio u Filipi (Dela Apostolska 16:13; 16). Ovi ljudi označili su posebna mesta za molitvu zato što su želeli da se mole svim svojim srcem. Vi morate da se molite na način da vaša molitva može da prodre sile neprijatelja đavola vladaoca kraljevstva vazduha i da može da bude uručena prestolu od gore. Samo onda vi ćete biti ispunjeni Svetim Duhom, vaša će iskušenja biti oterana i dobićete odgovore na vaše probleme bilo da su veliki ili mali.

3) Vaša molitva mora da ima nameru

Neki ljudi mogu da sade drveće zbog dobre građe. Drugi mogu da sade drveće zbog plodova. Opet drugi mogu da sade drveće da bi koristili drvo u stvaranju lepe bašte. Ako neko posadi drvo bez određene svrhe, pre nego što sadnica poraste i stari on će možda zapostaviti svoje drveće zato što će biti možda prezauzet nekim drugim poslovima.

Imati jasan cilj u svakom poduhvatu, taj poduhvat dostiže brže i bolje rezultate i dostignuća. Bez jasne namere, napor možda neće biti u stanju da izdrži čak i malu prepreku jer bez ikakvog smera, postoje samo sumnje i odricanja.

Mi moramo da imamo jasnu nameru kada se molimo pred Bogom. Nama je obećano da ćemo dobiti od Boga sve što tražimo kada smo uvereni pred Njim (1. Jovanova Poslanica 3:21-22) i kada je namera naše molitve jasna, mi ćemo moći da se molimo mnogo iskrenije i sa još većom upornošću. Volja našeg Boga, kada vidi da ne postoji ništa za osudu u našim srcima, obezbediće nam sve što nam je potrebno. Mi uvek moramo da imamo u mislima nameru naših molitva i da možemo da se molimo na način kojim je Bog zadovoljan.

4) Morate da se molite sa verom

Zato što mera vere varira od osobe do osobe, svaka osoba će dobiti Božji odgovor u skladu sa njegovom verom. Kada su ljudi prvo prihvatili Isusa Hrista i otvorili njihova srca, Sveti Duh je počeo da boravi u njima i Bog ih je označio kao Njegovu decu. Ovo je kada oni poseduju veru koja je veličine slačice.

Kako oni održavaju Gospodnji dan svetim, mole se, bore da održavaju Božje zapovesti i žive po Njegovoj Reči, njihova vera će rasti. Međutim, kada se oni suočavaju sa iskušenjima i patnjom pre nego što stanu čvrsto na kamenu vere, oni će imati sumnju u Božju moć i postaće obeshrabreni u nekim vremenima. Međutim, jednom kada stanu na kamenu vere, oni neće pasti u nikakvim okolnostima već će gledati na Boga u veri i nastaviće da se mole. Bog vidi takvu veru i On će raditi za dobro prema onima koji Njega vole.

Kako oni grade molitvu na molitvu, uz moć odozgo oni će se boriti protiv greha i ličiće na našeg Gospoda. Oni će imati jasnu ideju o volji našeg Gospoda i pokoriće joj se. Ovo je vera koja ugađa Bogu i oni će dobiti sve što su potražili. Kako ljudi stignu do mere ove vere, oni će iskusiti obećanje nađeno u Jevanđelju po Marku 16:17-18 koje kaže: „A znaci onima koji veruju biće ovi: imenom mojim izgoniće đavole; govoriće novim jezicima;

uzimaće zmije u ruke, ako i smrtno šta popiju, neće im nauditi; na bolesnike metaće ruke, i ozdravljaće." Ljudi sa velikom verom će dobiti odgovore u skladu sa njihovom verom, a ljudi sa malom verom će takođe dobiti odgovore u skladu sa njihovom verom.

Postoji „sebična vera" koju sami počinjete da posedujete i „Bogom data vera." „Sebična vera" nije saglasna sa nečijim delima, ali Bogom data vera je duhovna vera koja je uvek praćena delima. Biblija nam govori da je vera dokaz stvari kojima se nadamo (Poslanica Jevrejima 11:1), ali „sebična vera" ne može da postane sigurnost. Čak iako neko poseduje veru da može da razdvoji Crveno more ili da pomeri planinu, sa „sebičnom verom" on nema sigurnost za Božje odgovore.

Bog nam je dao „živu veru" koja je praćena sa delima kada mi, u skladu sa našom sopstvenom verom u Njega, prikazujemo našu veru delima i molimo se. Kada mi Njemu pokažemo veru koju već posedujemo, ta vera će se ukombinovati sa „živom verom" koju nam je On pridodao, što će zauzvrat postati velika vera sa kojom mi možemo da dobijemo Božje odgovore bez odlaganja. Ponekad ljudi doživljavaju neospornu neizvesnost Njegovog odgovora. Ovo je vera koja im je data od Boga i ako ljudi poseduju ovakvu veru, oni su već dobili svoj odgovor.

Prema tome, bez imalo sumnji, mi moramo da stavimo naše poverenje u obećanje koje nam Isus daje u Jevanđelju po Marku 11:24: „Zato vam kažem, sve što ištete u svojoj molitvi verujte da ćete primiti, i biće vam." I mi moramo da se molimo sve dok ne budemo sigurni u Božji odgovor i ne dobijemo šta god smo potražili u molitvi (Jevanđelje po Mateju 21:22).

5) Morate da se molite u ljubavi

Poslanica Jevrejima 11:6 nam govori: „A bez vere nije moguće ugoditi Bogu; jer onaj koji hoće da dođe k Bogu, valja da veruje da ima Bog i da plaća onima koji Ga traže." Ako mi verujemo da će našim svim molitvama biti odgovoreno i da su čuvane kao naše nebeske nagrade, mi molitve nećemo smatrati napornim i teškim.

Baš kao što se Isus borio u molitvama da bi dao život čovečanstvu, ako se mi molimo u ljubavi za druge duše, mi takođe možemo iskreno da se molimo. Ako se vi iskreno molite sa ljubavlju prema drugima, to znači da vi sebe možete da stavite u cipele drugih ljudi i vidite njihove probleme kao da su vaši i na taj način ćete se još iskrenije i više moliti.

Na primer, pretpostavimo da se molite za izgradnju svetilišta u vašem hramu. Vi morate da se molite sa istim srcem sa kojim bi ste se molili za izgradnju vašeg sopstvenog doma. Baš kao što bi tražili detalje o zemlji, radnicima, materijalima i slično tome za sopstveni dom, vi morate da tražite svaki element i potreban faktor za izgradnju svetilišta do detalja. Ako se molite za pacijenta, vi morate sebe da stavite u njegove cipele i borite u molitvi svom svojim srcem kao da su njegova bol i patnja vaša lična.

Da bi dostigao Božju volju, Isus je po navici kleknuo dole i borio se u molitvi u Njegovoj ljubavi za Boga i Njegovoj ljubavi za čovečanstvo. Kao rezultat, put spasenja je otvoren i svako ko prihvati Isusa Hrista može mu biti oprošteno od njegovih grehova i može da uživa u vlasti sa kojom je označen kao dete Božje.

Na osnovu načina na koji se Isus molio i glavnoj vrsti molitve sa kojom je Bog zadovoljan, mi moramo da istražimo naš stav i srce, molimo se sa stavom i srcem koji ugađa Bogu i od Njega dobijemo sve što potražimo u molitvi.

Poglavlje 4

Da ne biste pali u iskušenje

I došavši k učenicima
nađe ih gde spavaju,
i reče Petru:
„Zar ne mogoste
jedan čas postražiti sa Mnom?
Stražite i molite se Bogu
da ne padnete u napast;
jer je duh srčan, ali je telo slabo."

(Jevanđelje po Mateju 26:40-41)

1. Život sa molitvom Naš duhovni dah

Naš Bog je živ, nadgleda ljudski život, smrt, kletvu i blagoslove i ljubav, pravdu i dobrotu. On ne želi da Njegova deca padnu u iskušenja ili da se suoče sa patnjama već da vode živote ispunjene sa blagoslovima. Zbog toga je On poslao na zemlju Svetog Duha Branioca koji će hteti da pomogne Njegovoj deci da prevaziđu ovaj svet, oteraju neprijatelja đavola, vode zdrave i radosne živote i stignu do spasenja.

Bog nam je obećao u Jeremiji 29:11-12: „Jer Ja znam misli koje mislim za vas, govori Gospod, misli dobre a ne zle, da vam dam posledak kakav čekate. Tada ćete Me prizivati i ići ćete i molićete Mi se i uslišiću vas."

Ako želimo da živimo ovaj život u miru i nadi, mi moramo da se molimo. Ako se mi stalno molimo za vreme našeg života u Hristu, mi nećemo biti iskušavani, naše duše će napredovati, ono što izgleda „nemoguće" biće „moguće," svaka stvar u životu će nam ići dobro i uživaćemo u dobrom zdravlju. Ipak, ako se Božja deca ne mole, zbog toga će neprijatelj đavo da se šunja okolo kao lav koji riče i tražiće nekoga da pojede, mi ćemo se suočiti sa iskušenjima i susrešćemo se sa katastrofom.

Baš kao što život ističe ako ne dišemo svaki dan, važnost molitve u životima Božje dece ne može se dovoljno naglasiti.

Zbog toga nam Bog zapoveda da se molimo bez prestanka (1. Poslanica Solunjanima 5:17), podseća nas da je greh ne moliti se (1. Samuilova Poslanica 12:23) i uči nas da se molimo kako ne bi pali u iskušenja (Jevanđelje po Mateju 26:41).

Novi vernici koji su nedavno prihvatili Isusa Hrista po prvi put nailaze da je molitva teška zato što ne znaju kako da se mole. Naš mrtvi duh je ponovo rođen kada mi prihvatimo Isusa Hrista i primimo Svetog Duha. Duhovni uslov sada je kao kod bebe; teško je moliti se.

Međutim, ako oni ne odustaju već nastavljaju da se mole praveći hleb od Božje Reči, njihov duh će postati ojačan i njihova molitva će postati mnogo ubedljivija. Baš kao što ljudi ne mogu da žive bez disanja, oni će početi da shvataju da ne mogu da žive bez molitve.

U mom detinjstvu, postojala su deca koja su se međusobno takmičila u tome ko će najduže zadržati svoj dah. Dvoje dece bi u istom trenutku stalo jedno ispred drugog i duboko bi udahnuli. kada drugo dete kaže: „Priprema~" dvoje dece bi udahnulo dah koliko god da su najviše mogli. Kada „sudija" vikne „Sad!" sa odlučnim izrazima lica, dvoje dece bi počelo da zadržava svoj dah.

Najpre, zadržavanje daha nije mnogo teško. Kako vreme polako prolazi, deca osećaju da se guše kako njihovo lice počinje da crveni. Na kraju, oni više ne mogu da zadrže svoj dah više i prisiljeni su da izdahnu. Niko ne može da živi ako se njegovo disanje zaustavi.

Isto je i sa molitvom. Kada duhovna osoba prestane da se moli, on najpre ne primećuje veliku razliku. Kako vreme prolazi međutim, njegovo srce počinje da se oseća obeshrabreno i mučeno. Ako bi mogli mi da vidimo njegov duh sa očima, taj duh bi bio mnogo bliži gušenju. Ako on razume da je sve ovo zato što je prestao da se moli i nastavi sa molitvom, on može opet da vodi normalan život u Hristu. Ipak, ako on nastavi da čini grehove i prestane da se moli, njegovo srce će se osećati još više očajno i uznemireno i on će trpeti da mnoge stvari u njegovom životu idu naopako.

„Uzeti odmor" od molitve nije volja Božja. Baš kao što se zgražavamo sve dok se naše disanje ne vrati u normalu, da bi se vratili u normalan molitveni život iz prošlosti mnogo je teško i potrebno je mnogo više vremena. Što je duža „pauza" bila, više vremena je potrebno da bi povratili vaš molitveni život.

Ljudi koji shvataju da je molitva dah njihovog duha ne nalaze da je molitva mučna. Ako su se iz navike molili na način kao što udišu i izdišu iz navike, umesto da nalaze da je molitva naporna i teška oni postaju mirniji, mnogo ispunjeniji nadom i mnogo radosniji u životu nego dok se nisu molili. Ovo je zato što su dobili Božje odgovore i što su dali Bogu slavi isto koliko su se i molili.

2. Razlozi iskušenja dolaze preko ljudi koji se ne mole

Isus nam je dao primer molitve i rekao je Njegovim učenicima da paze i da se mole kako ne bi pali u iskušenje (Jevanđelje po Mateju 26:41). Sa druge strane, ovo znači da ako se ne molimo stalno, mi možemo da padnemo u iskušenje. Zašto onda iskušenje dolazi preko ljudi koji se ne mole?

Bog je stvorio prvog čoveka Adama, napravio ga živim bićem i dozvolio mu je da komunicira sa Bogom koji je Duh. Nakon što je Adam jeo sa drveta spoznaje dobra i zla i nije se pokorio Bogu, Adamov duh je umro, njegova komunikacija sa Bogom je prestala i on je bio isteran iz Edemskog vrta. Kako je neprijatelj đavo, vladaoc kraljevstva vazduha, preuzeo kontrolu nad čovekom koji više nije mogao da komunicira sa Bogom koji je Duh, čovek je postepeno postajao sve više natopljen grehom.

Zato što je plata za greh smrt (Poslanica Rimljanima 6:23), Bog je predstavio Njegovo proviđenje spasenja kroz Isusa Hrista za celo čovečanstvo koje je bilo osuđeno na smrt. Bog označava kao Svoje dete svakoga ko prihvati Isusa Hrista kao svog Spasitelja, priznaje da je grešnik, pokaje se i kao znak osiguranja Bog mu daje Svetog Duha.

Sveti Duh Branilac koga je Bog poslao osuđuje svet krivice u odnosu na greh i pravednost i osudu (Jevanđelje po Jovanu 16:8), posreduje za nas kroz jecaje koje reči ne mogu da opišu (Poslanica Rimljanima 8:26) i omogućuje nam da prevaziđemo svet. Da bi bili ispunjeni Svetim Duhom i da bi dobili Njegovo vođstvo, molitva je apsolutno neophodna. Samo kada se molimo Sveti Duh će nam se obratiti, pomeriće naša srca i misli, upozoriće nas na predstojeća iskušenja, reći će nam na koji način da izbegnemo takva iskušenja i pomoći će nam da prevaziđemo iskušenja čak iako stanu na naš put.

Međutim, bez molitve ne postoji način da razlikujemo volju Božju od volje čoveka. U potrazi za svetskim željama, ljudi bez rutinskog molitvenog života će živeti u skladu sa svojim starim navikama i tragaće za nečim što je ispravno u skladu sa svojom samopravednošću. Prema tome, iskušenja i patnje su nanešene kako se oni suočavaju sa svim vrstama poteškoća.

U Jakovljevoj Poslanici 1:13-15 čitamo: „Nijedan kad se kuša da ne govori: 'Bog me kuša'; jer se Bog ne može zlom iskušati i On ne kuša nikoga. Nego svakog kuša njegova slast, koja ga vuče i mami. Tada zatrudnevši slast rađa greh; a greh učinjen rađa smrt."

Drugim rečima, iskušenja dolaze preko ljudi koji se ne mole jer oni nisu uspeli da razlikuju volju Boga od volje čoveka, postali su omamljeni svetovnim željama i pate od nevolja zato što nisu mogli da prevaziđu iskušenja. Bog želi da sva Njegova deca nauče da budu zadovoljna bez obzira kakve da su okolnosti, da spoznaju šta je potreba a šta znači imati dosta i da nauče tajnu da budu zadovoljni u svakoj i svakakvoj situaciji, bilo da su siti ili gladni, bili da žive u izobilju ili nemaštini (Poslanica Filipljanima 4:11-12).

Međutim, zato što svetovne stvari začinju i rađaju greh a plata za greh je smrt, Bog ne može da zaštiti ljude koji nastavljaju da greše. Ma koliko da su ljudi grešili, neprijatelj đavo im donosi vreme iskušenja i patnje. Neki ljudi koji su pali u iskušenja razočarali su Boga tvrdeći da ih je On bacio u iskušenja i gurnuo ih u patnju. Međutim, to su dela koja se odnose na kivnost prema Bogu i takvi pojedinci ne mogu da prevaziđu iskušenja i ne ostavljaju nikakav prostor Bogu da učini dobro za njih.

Prema tome, Bog nam zapoveda da uništimo spletke i svaku uzvišenu stvar koja je izrasla protiv Božjeg znanja i da svaku zarobljenu misao predamo u pokornost prema Hristu (2. Korinćanima Poslanica 10:5). I On nas podseća u Poslanici

Rimljanima 8:6-7: „Jer misao usredsređena na meso smrt je, a duhovno mudrovanje život je i mir, jer telesno mudrovanje neprijateljstvo je Bogu; jer se ne pokorava zakonu Božijem niti može, a koji su u mesu ne mogu Bogu ugoditi" (Poslanica Rimljanima 8:6-7).

Većina informacija koje smo naučili i sačuvali kao one „ispravne" u mislima pre nego što smo sreli Boga u stvari su pogrešne u svetlosti istine. Tako da, mi u celosti možemo da pratimo volju Božju kada uništimo sve teorije i telesne misli. Šta više, ako želimo da uništimo argumente i sve tvrdnje i pokorimo se istini, mi moramo da se molimo.

Ponekad, Bog ljubavi ispravlja Njegovu voljenu decu kako oni ne bi išli na put uništenja i dozvoljava im iskušenja da bi oni mogli da se pokaju i okrenu od svojih puteva. Kada ljudi ispitaju sebe i pokaju se u svemu što je u njima i što je neprikladno pred Bogom, nastave da se mole, gledaju na Onog koji u svim stvarima čini za dobro onih koji Njega vole i uvek se raduju, Bog će videti njihovu veru i svakako će im odgovoriti.

3. Jer je duh srčan ali je telo slabo.

U noći pre nego što je On preuzeo krst, Isus je otišao sa

Njegovim učenicima na mesto nazvano Getsimanija i borio se u molitvi. Kada je On naišao na Njegove učenike da spavaju, Isus se požalio i rekao:„Stražite i molite se Bogu da ne padnete u napast; jer je duh srčan, ali je meso slabo" (Jevanđelje po Mateju 26:41).

U Bibliji su takvi izrazi kao „meso," „stvari mesa" i „dela mesa." Sa jedne strane „meso" je suprotno „duhu" i generalno se odnosi na sve što je podmitljivo i menja se. To se odnosi na svako stvorenje, uključujući i čoveka pre nego što je bio transformisan istinom, biljke, sve životinje i slično tome. Sa druge strane, „duh" se odnosi na sve stvari koje su večne, iskrene i nepromenljive.

Zbog Adamove nepokornosti, svi ljudi i žene su rođeni sa nasleđenom grešnom prirodom i to je pravi greh. „Samo počinjeni greh" su neiskrena dela počinjena podsticajem neprijatelja đavola. Čovek postaje „meso" kada neistina premazuje njegovo telo i telo je u kombinaciji sa grešnom prirodom. To je ono što Poslanica Rimljanima 9:8 spominje „deca mesa." Stih govori: „To jest, nisu ono deca Božija što su po telu deca, nego deca obećanja primaju se za seme." I Poslanica Rimljanima 13:14 nas upozorava: „Nego se obucite u Gospoda Isusa Hrista; i telu ne ugađajte po željama."

Šta više, „stvari mesa" su asortiman takvih različitih grešnih atributa kao što su obmana, ljutnja, ljubomora i mržnja (Poslanica Rimljanima 8:5-8). Oni još uvek nisu postupili fizički ali mogu biti izazvani u delima. Kada se ove želje stave u pokretu, one se odnose na nas kao „dela mesa" (Poslanica Galaćanima 5:19-21).

Na šta je Isus mislio sa „telo je slabo?" Da li je on mislio na fizičko stanje ili Njegove učenike? Kao bivši ribar, Petar, Jakov i Jovan su bili ljudi na vrhuncu i robusnog dobrog zdravlja. Za ljude koji su provodili mnoge noći pecajući, ostati budan nekoliko sati noću ne bi trebalo da predstavlja neki problem. Međutim, čak i nakon što im je Isus rekao da ostanu tamo i stražare sa Njim, trojica učenika nisu mogli da se mole već su na kraju zaspali. Oni su možda otišli u Getsimaniju da se mole sa Isusom, ali ova želja je bila samo i njihovim srcima. Umesto toga, kada ima je Isus rekao da je njihovo telo „slabo," On je mislio na trojicu od njih koji nisu bili u stanju da spreče požudu mesa koja ih je mamila da se uspavaju i odmore.

Petar koji je bio jedan od voljenih učenika Isusovih nije mogao da se moli zato što je njegovo telo bilo slabo iako je duh bio srčan i kada je Isus bio zarobljen i njegov život ugrožen, tri puta je poricao iako je znao Isusa. To se dogodilo pre Isusovog vaskrsenja i uzdizanja u nebesa i Petar je bio uhvaćen u dubokom strahu a da nije primio Svetog Duha. Međutim nakon što je Petar primio Svetog Duha, on je vraćao mrtve u život, manifestvovao je čudesne znakove i čuda i postao je dovoljno hrabar da bude razapet naopačke. Znakovi Petrove slabosti nigde nisu mogli da budu pronađeni jer je bio transformisan u hrabrog apostola Božje moći koji se nije plašio smrti. Ovo je bilo zbog toga zato što je Isus prolio Njegovu dragocenu, neukaljanu i nevinu krv i iskupio nas od naše slabosti, siromaštva i slabosti. Ako mi živimo sa verom, u pokornosti prema Božjoj Reči, mi ćemo uživati u dobrom zdravlju u oboma i telu i duhu i moći ćemo da učinimo ono što je nemoguće za čoveka i sve će biti moguće za nas.

S vremena na vreme, neki ljudi koji su počinili grehove međutim, umesto pokajanja u njihovim grehovima, brzo govore „telo je slabo" i misle da je to prirodno za greh. Takvi ljudi izgovaraju takve reči zato što nisu svesni istine. Pretpostavimo da otac da sinu 1000$. Koliko će to biti smešno ako sin stavi novac u džep i kaže svom ocu: „ja nemam novca; čak ni cent?" Koliko frustrirajuće će to biti za oca ako njegov sin – sa ipak 1000$ u svom džepu – gladuje a da ne kupuje nikakvu hranu? Prema tome, za one koji su primili Svetog Duha, „telo je slabo" je oksimoron.

Ja sam video mnoge ljudi koji su nekada uveče išli na spavanje u 10 časova, sada oni posećuju „celovečernju službu petkom" nakon molitve i dobijaju pomoć Svetog Duha. Oni se ne umaraju niti su pospani i daju svaki petak Bogu u ispunjenosti Svetim Duhom. Ovo je zato što, u ispunjenosti Svetim Duhom, ljudske duhovne oči postaju jasnije, njihova srca su preplavljena radošću, oni ne osećaju umor a njihova tela osećaju da su lakša.

Kako mi živimo u eri Svetog Duha, mi nikada ne smemo a da se ne molimo niti da činimo grehove zato što je „naše telo slabo." Umesto toga, dok smo oprezni i stalno se molimo, mi moramo da dobijemo vođstvo Svetog Duha i odbacimo sve stvari i dela mesa i slično tome i revnosno vodimo naše živote u Hristu dok uvek živimo u skladu sa voljom Božjom za nas.

4. Blagoslov za ljude koji sebe čuvaju i mole se

1. Petrova Poslanica 5:8 nam govori: „Budite treznog duha i budite na oprezu. Jer suparnik vaš, đavo, kao lav ričući hodi i traži koga da prožedere. Branite se od njega tvrđom u veri, znajući da se takva stradanja događaju vašoj braći po svetu." neprijatelj Sotona i đavo, vladaoc kraljevstva vazduha, nastoje da privuku vernike u Boga da idu pogrešnim putem i spreče Njegov narod u posedovanju vere u svakoj prilici koja im se ukaže.

Ako neko želi da iščupa drvo prvo će pokušati da ga protrese.

Ako je stablo veliko i debelo i drvo ima duboko korenje u zemlji, on će odustati i pokušaće neko drugo drvo da trese. Kada bude izgledalo da drugo drvo može da se iščupa mnogo lakše nego prvo, on će postati mnogo odlučniji i trešće drvo čak i jače. Na isti način, neprijatelj đavo koji pokušava da nas namami biće oteran ako mi stojimo čvrsto. Ako smo prodrmani makar malo, neprijatelj đavo će nastaviti da nam donosi iskušenja da bi nas oborio.

Kako bi razaznali i uništili šeme neprijatelja đavola i hodali u svetlosti živeći u skladu sa Božjom Rečju, mi moramo da se borimo u molitvi i dobijemo Bogom datu snagu i moć od gore. Isus jedan i jedini Sin Božji mogao je sve da ispuni u skladu sa voljom Božjoj zbog moći molitve. Pre nego što je On počeo sa javnim službovanjem, Isus je Sebe pripremio postom od četrdeset dana i četrdeset noći i kroz Njegovo službovanje u trajanju od tri godine on je manifestovao mnoga neverovatna dela Božje moći moleći se po navici i stalno. Na kraju Njegove službe, Isus je mogao da uništi vlast smrti i prevaziđe ga kroz vaskrsenje zato što se On borio u molitvi u Getsimaniji. Zbog toga nam naš Gospod naređuje da: „Da vam se ne dosadi molitva; i stražite u njoj sa zahvaljivanjem" (Kološanima 4:2), i „A svemu se kraj približi. Budite dakle mudri i trezni u molitvama" (1. Petrova Poslanica 4:7). On nas je takođe naučio da se molimo: „I ne navedi nas u napast; no izbavi nas oda zla" (Mateju 6:13). Sprečavanje sebe od upada u iskušenja je veoma važno. Ako vi padnete u iskušenje, to znači da ga niste prevazišli, da ste se umorili i da se vaša vera umanjila – ništa sa čime je Bog zadovoljan.

Kada smo mi oprezni i molimo se, Sveti Duh nas uči da idemo pravim putem i borimo se protiv toga i odbacujemo naše grehove. Šta više, koliko god da naša duša napreduje, naše srce će ličiti na našeg Gospoda, mi ćemo biti dobro u svakoj stvari u životu i mi ćemo dobiti blagoslove dobrog zdravlja.

Molitva je ključ da sve u našem životu ide dobro i dobijanje blagoslova dobrog zdravlja u telu i duhu. Nama je obećano u 1. Jovanovoj Poslanici 5:18: „Znamo da nijedan koji je rođen od Boga, ne greši, nego koji je rođen od Boga čuva se, i nečastivi ne dohvata se do njega." Zbog toga kada smo mi oprezni i hodamo u svetlosti, mi ćemo biti bezbedni od neprijatelja đavola i čak iako padnemo u iskušenje, Bog će nam pokazati put kako da ga izbegnemo i u svim stvarima radiće za dobrobit onih koji Njega vole.

Zato što nam je Bog rekao da se stalno molimo, mi moramo da postanemo Njegova blagoslovena deca koji vode svoje živote u Hristu i koja su oprezna, da isteramo neprijatelja đavola i da dobijemo sve sa čime Bog namerava da nas blagoslovi.

U 1. Solunjanima Poslanici 5:23 mi nailazimo: „A sam Bog mira da posveti vas cele u svačemu; i ceo vaš duh i duša i telo da se sačuva bez krivice za dolazak Gospoda našeg Isusa Hrista."

Da svako od vas dobije pomoć Svetog Duha dok pazi na sebe i po navici se moli, da počne da poseduje nevino i neukaljano srce kao dete Božje odbacujući svu grešnu prirodu koja je u njemu i obreže svoje srce Svetim Duhom, uživa u vlasti kao Njegovo dete u kojem duša napreduje, da sve u vašem životu bude uspešno i da dobijete blagoslov dobrog zdravlja i date slavu Bogu u svemu što činite, u ime Gospoda Isusa Hrista ja se molim!

Poglavlje 5

Delotvorna molitva pravednog čoveka

Neprestana molitva pravednog
mnogo može pomoći.
Ilija beše čovek smrtan kao i mi,
i pomoli se Bogu da ne bude dažda,
i ne udari dažd na zemlju za tri godine i šest meseci.
I opet se pomoli
i nebo dade dažd, i zemlja iznese rod svoj.

(Jakovljeva Poslanica 5:16-18)

1. Molitva vere koja isceljuje bolesne

Kada pogledamo unazad na naše živote, postojala su vremena kada smo se molili u sredini patnje i vremena kada smo slavili i radovali se nakon što smo dobili Božje odgovore. Postojala su vremena kada smo se molili sa drugima za isceljenje naših voljenih i vremena kada smo davali slavu Bogu nakon ostvarivanja sa molitvom što je bilo nemoguće za čoveka.

U poslanici Jevrejima u poglavlju 11 pronađene su mnoge reference koje se odnose na veru. Mi smo podsećani u stihu 1 da: „Vera je, pak, tvrdo čekanje onog čemu se nadamo, i dokazivanje onog što ne vidimo" dok „A bez vere nije moguće ugoditi Bogu; jer onaj koji hoće da dođe k Bogu, valja da veruje da ima Bog i da plaća onima koji Ga traže" (stih 6).

Vera je široko podeljena na „telesnu veru" i „duhovnu veru." Sa jedne strane, sa telesnom verom mi možemo da verujemo u Božju Reč samo kada je Reč u skladu sa naš9im mislima. Ova telesna vera ne donosi nikakve promene u našem životu. Sa druge strane, sa duhovnom verom, mi možemo da verujemo u moć živog Boga i Njegovu Reč iako se ona ne slaže sa našim mislima i teorijom. Kako mi verujemo u dela Božja koji stvara stvari od ničega, mi osećamo pravu promenu u našim životima kao i Njegove čudesne znakove i čuda i počinjemo da verujemo u sve što je zaista moguće za one koji veruju.

Zbog toga nam je Isus rekao: „A znaci onima koji veruju biće ovi: imenom mojim izgoniće đavole; govoriće novim jezicima; uzimaće zmije u ruke, ako i smrtno šta popiju, neće im nauditi; na bolesnike metaće ruke, i ozdravljaće" (Jevanđelje po Marku 16:17-18), „Sve je moguće onome koji veruje" (Jevanđelje po Marku 9:23) i da „Zato vam kažem, sve što ištete u svojoj molitvi verujte da ćete primiti; i biće vam" (Jevanđelje po marku 11:24).

Kako mi možemo da posedujemo duhovnu veru i iz prve ruke imamo iskustvo sa Božjom velikom moći? Iznad svega drugoga, mi moramo da se setimo šta je apostol Pavle rekao u 2. Korinćanima Poslanica 10:5: „I svaku visinu koja se podiže na poznanje Božije, i robimo svaki razum za pokornost Hristu." Mi više ne smemo da smatramo tačnim znanje koje smo sakupili do ovog momenta. Umesto toga, mi treba da uništimo svaku misao i teoriju koja se sukobi sa Božjom Rečju, da načinimo sebe pokornim prema Njegovoj Reči istine i živimo po njoj. Koliko god da uništavamo telesne misli i izbacujemo neistinu iz nas, naša duša će napredovati i mi ćemo posedovati veru sa kojom možemo da verujemo.

Duhovna vera je mera vere koju je Bog dao svakom od nas (Poslanica Rimljanima 12:3). nako što je propovedano najpre jevanđelje i posle prihvatanja Isusa Hrista, naša vera je kao malo seme slačice. Kako mi nastavimo da revnosno posećujemo službe preporoda, čujemo Reč Božju i živimo po njoj, mi ćemo tako postati pravedniji. Šta više, naša vera će izrasti u veliku veru, znakovi koji su pratili one koji su verovali će svakako pratiti i nas.

U molitvi za isceljenje bolesnih, čvrstina u takvoj molitvi mora biti duhovna vera onih koji se mole. Centurion – čiji je sluga postao paralizovan i u velikoj patnju – predstavljen u Jevanđelju po Mateju u poglavlju 8, imao je veru sa kojom je verovao da će njegov sluga biti isceljen ako Isus samo kaže reč i sluga je bio isceljen u baš tom času (Jevanđelje po Mateju 8:5-13).

Šta više, kada se mi molimo za bolesne, mi moramo da budemo smeli u našoj veri i da ne sumnjamo, kao što nam Božja reč govori: „Ali neka ište s verom, ne sumnjajući ništa; jer koji se sumnja on je kao morski valovi, koje vetrovi podižu i razmeću. Jer takav čovek neka ne misli da će primiti šta od Boga" (Jakovljeva Poslanica 1:6-7).

Bog je zadovoljan sa jakom i stabilnom verom koja se ne njiše napred i nazad i kada se mi ujedinimo u ljubavi i molimo se za bolesne sa verom, Bog će činiti čak i još više. Zato što je bolest razultat greha i Bog je GOSPOD naš Iscelitelj (Izlazak 15:26), kada mi priznamo naše grehove jedni drugima i molimo se jedni za druge, Bog će nam dati oproštaje i isceljenje.

kada se vi molite sa duhovnom verom i u duhovnoj ljubavi, vi ćete iskusiti Božje veliko delo, svedočićete o ljubavi našeg Gospoda i poštovaćete Njega.

2. Moćnija i efektivnija je molitva pravednog čoveka

U skladu sa Mirijam Vebster onlajn rečnikom (The Merriam-Webster Online Dictionary) pravedan čovek je neko ko „čini u skladu sa božanskim ili moralnim zakonom; oslobođen od krivice ili greha." Ipak, Poslanica Rimljanima 3:10 nam govori: „Ni jednog nema pravednog." Kao što je Bog rekao: „Jer pred Bogom nisu pravedni oni koji slušaju zakon, nego će se oni opravdati koji ga tvore" (Poslanica Rimljanima 2:13) i „Jer se delima zakona ni jedno telo neće opravdati pred Njim; jer kroz zakon dolazi poznanje greha" (Poslanica Rimljanima 3:20).

Greh je ušao u svet kroz nepokornost prvog stvorenog čoveka Adama i mnogobrojni ljudi su stigli do osude kroz greh jednog čoveka (Poslanica Rimljanima 5:12, 18). Za čovečanstvo koje je na kratko vreme bilo uz Njegovu slavu, udaljilo se od Zakona, pravednost Božja je bila manifestovana i čak i pravednost Boga dolazi kroz veru u Isusa Hrista za sve one koji veruju (Poslanica Rimljanima 3:21-23).

Da bi ova svetska „pravednost" varirala u skladu sa vrednostima svake generacije, to ne može biti pravi standard pravednosti. Međutim, zato što se Bog nikada ne menja,

Njegova pravednost može biti standard za pravu pravednost.

Prema tome, čitamo u Poslanici Rimljanima 3:28: „mislimo dakle da će se čovek opravdati verom bez dela zakona." Ipak, mi ne poništavamo zakon sa našom verom već ga uspostavljamo (Poslanica Rimljanima 3:31).

Ako mi postanemo opravdani verom, mi moramo da beremo plodove koji stižu iz svetosti tako što smo oslobođeni od greha i što smo postali robovi Bogu. Mi moramo da se borimo da postanem zaista pravedni odbacujući svu neistinu koja se sukobi sa Božjom Rečju i živimo po Njegovoj Reči koja je sama istina.

Bog proglašava ljude „pravednim" čija je vera praćena delima i koji se bore da žive po Njegovoj Reči dan za danom i manifestuje Njegova dela u odgovoru na njihove molitve. Kako može Bog nekome da odgovori ko posećuje crkvu ali koji je izgradio zid greha između sebe i Boga kroz nepokornost prema svojim roditeljima, kroz nesuglasice sa svojom braćom i sa pogrešnim delima?

Bog čini molitvu pravednog čoveka – on koji se povinovao i živi po Božjoj Reči i nosi sa sobom dokaz njegove ljubavi prema Bogu – moćniju i efikasniju dajući mu snagu molitve.

U Jevanđelju po Luki 18:1-8 je Parabola o upornoj udovici. Ono opisuje udovicu i slučaj koji je iznela pred sudijom koji se nije plašio Boga i nije poštovao ni čoveka. Čak iako se sudija nije ni plašio Boga niti je mnogo mario za ljude, on je na kraju ipak pomogao udovici. Sudija je sebi rekao: „Ako se i ne bojim Boga i ljudi ne sramim, no budući da mi dosađuje ova udovica, odbraniću je, da mi jednako ne dolazi i ne dosađuje." Na kraju ove parabole Isus je rekao: „Čujte šta govori nepravedni sudija; a kamoli Bog neće odbraniti izbranih Svojih koji Ga mole dan i noć? I hoće li odložiti On dugo nad njima? Kažem vam da će ih odbraniti brzo" (Jevanđelje po Luki 18:7-8).

Kada međutim unaokolo pogledamo, postoje ljudi koji dokazuju da su Božja deca, mole se danju i noću i često poste, ali ipak ne dobijaju odgovore od Njega. Takvi pojedinci moraju da razumeju da još nisu postali pravedni u Božjim očima.

Poslanica Filipljanima 4:4-6 nam govori: „Ne brinite se ni za šta nego u svemu molitvom i moljenjem sa zahvaljivanjem da se javljaju Bogu iskanja vaša." I mir Božji, koji prevazilazi svaki um, da sačuva srca vaša i misli vaše u Gospodu Isusu." U zavisnosti koliko je neko postao „pravedan" prema Bogu i moli se sa verom i u ljubavi, stepen u kome će dobijati Božje odgovore će varirati. Nakon što je stekao kvalifikacije kao pravedan čovek i moli se, on može da dobije Božje odgovore brzo i da Njemu da slavu. Prema tome, od velike važnosti je da ljudi pokidaju zid greha koji stoji na putu Božjem, da poseduju kvalifikacije da mogu da budu proglašeni „pravednim" prema Bogu i iskreno se mole sa verom i u ljubavi.

3. Dar i molitva

„Darovi" su Njegovi pokloni koje Bog slobodno daje i odnose se na posebno delo Božje u Njegovoj ljubavi. Što se više neko moli, više će imati želju i tražiće Božji dar. S vremena na vreme, on će možda tražiti od Boga dar u skladu sa njegovim željama koje ga mame. To će njemu doneti uništenje i zato što ovo nije ispravno prema Bogu, pojedinac mora sebe da čuva od ovoga.

U Delima Apostolskim postoji čarobnjak Simon koji je, nakon što je slušao Filipa da propoveda jevanđelje, svuda pratio Filipa i bio je zapanjen velikim znakovima i čudima koje je video (stihovi 9-13). Kada je Simon video da je Sveti Duh dat u ruke Petra i Jovana, on je ponudio apostolima novac i pitao ih: „Dajte i meni ovu vlast da kad metnem ruke na koga primi Duha Svetog" (stihovi 17-19). U odgovoru, Petar je prekorio Simona: „Novci tvoji s tobom da budu u pogibao, što si pomislio da se dar Božji može dobiti za novce! Nema tebi dela ni iseta u ovoj reči; jer srce tvoje nije pravo pred Bogom. Pokaj se dakle od ove svoje pakosti, i moli se Bogu da bi ti se oprostila pomisao srca tvog. Jer te vidim da si u gorkoj žuči i u svezi nepravde" (Dela Apostolska 8:20-23).

Zato što se darovi daju onima koji pokazuju živog Boga i koji spašavaju čovečanstvo, one moraju da budu manifestovani pod nadzorom Svetog Duha. Prema tome, pre nego što tražimo od Boga darove, mi najpre treba da se borimo da postanemo pravedni u Njegovim očima.

Nakon što je naša duša napredovala a mi smo se oblikovali u instrument koji Bog može da koristi, On nam dozvoljava da tražimo darove u inspiraciji sa Svetim Duhom i daje nam darove koje smo tražili.

Mi znamo da je svako od naših praočeva bio korišćen od strane Boga u razne svrhe. neki su uveliko manifestovali Božju moć, drugi su samo prorokovali bez manifestovanja Bože moći dok su opet drugi samo učili ljude. Što su više posedovali potpunu veru i ljubav, Bog im je davao veću moć i dozvoljavao im je da manifestuju veliku moć.

Kada je živeo kao princ Egipta, Mojsijeva narav je bila toliko žestoka i brza da je on ubio u jednom trenutku Egipćanina koji se loše ophodio prema njegovim drugovima Izraelcima (Izlazak 2:12). Nakon mnogo iskušenja međutim, Mojsije je postao mnogo ponizan čovek, mnogo ponizniji od bilo koga na zemlji i onda je dobio veliku moć. On je izveo Izraelce iz Egipta manifestujući različite znakove i čuda (Brojevi 12:3).

Mi takođe znamo za molitvu proroka Ilije kao što je zapisana u Jakovljevoj Poslanici 5:17-18: „Ilija beše čovek smrtan kao i mi, i pomoli se Bogu da ne bude dažda, i ne udari dažd na zemlju za tri godine i šest meseci. I opet se pomoli i nebo dade dažd, i zemlja iznese rod svoj."

Kako smo već videli ono što nam Biblija govori, molitva pravednog čoveka je moćna i efikasna. Snaga i moć pravednog čoveka je otmena. Dok je ovo vrsta molitve sa kojom ljudi ne mogu da dobiju Božje odgovore čak i posle molitve u trajanju od više sati, postoji takođe molitva sa jakom snagom koja donosi Njegove odgovore isto kao i manifestovanje Njegove moći. Bog je očaran kada prihvata molitvu vere, ljubavi i žrtve i dozvoljava ljudima da Njemu daju slavu kroz različite darove koje On daje ljudima.

Međutim, mi nismo pravedni od samog početka; samo kada prihvatimo Isusa Hrista mi možemo da postanemo pravedni u veri. Mi postajemo pravedni onoliko koliko smo svesni greha dok slušamo Njegovu Reč, odbacujemo neistinu i dok naša duša napreduje. Šta više, da bi se mi okrenuli u mnogo pravednijeg čoveka koliko god da živimo u svetlosti i pravednosti, svaki dan u našim životima mora da se promeni sa Bogom kako bi mi takođe priznali kao na način na koji je Apostol Pavle to učinio: „Ja umirem svakodnevno" (1. Korinćanima Poslanica 15:31).

Ja vam naređujem da pogledate unazad na vaš život da stignete do ove mere i vidite da li zid stoji na vašem putu ka Bogu i ako je tako, porušite ga bez odlaganja.

Da se svako od vas povinuje sa verom, žrtvuje u ljubavi i moli se kao pravedna osoba da bi mogli da budete proglašeni kao pravedni, dobijete Njegove blagoslove u svemu što činite i da slavite Boga bez rezervisanja, u ime našeg Gospoda ja se molim!

Poglavlje 6

Velika moć molitve u dogovoru

Još vam kažem zaista,
ako se dva od vas slože na zemlji
u čemu mu drago, zašto se uzmole,
daće im
Otac moj koji je na nebesima.
Jer gde su dva ili tri
sabrani u ime Moje,
onde sam ja među njima.

(Jevanđelje po Mateju 18:19-20)

1. Bog je zadoviljan da prihvati molitvu u dogovoru

Korejska poslovica nam kaže: „Bolje je da i list papira podižemo zajedno." Umesto da se jedan izoluje i pokušava da sve uradi sam, ova prastara izreka nas uči, efikasnost će se podići i bolji rezultat se može očekivati kada dvoje ljudi, ili više njih, sarađuje zajedno. Hrišćanstvo koje ističe ljubav za bližnje i crkvena zajednica moraju biti dobar primer u tom pogledu takođe.

Knjiga Propovednika 4:9-12 nam govori: „Bolje je dvojici nego jednom, jer imaju dobru dobit od svog truda. Jer ako jedan padne, drugi će podignuti druga svog. A teško jednom ako padne, nema drugog da ga podigne. Još ako dvojica spavaju zajedno, greje jedan drugog; a jedan kako će se zgrejati? I ako bi ko nadjačao jednog, dvojica će mu odoleti. I trostruka vrpca ne kida se lako." Ovi stihovi nas uče tome da kada se ljudi ujedine i sarađuju, velika snaga i radost se mogu proizvesti.

Po istom principu Jevanđelje po Mateju 18:19-20 nam govori koliko je važno za vernike da dolaze zajedno i da se mole u dogovoru. Postoje „pojedinačne molitve" kroz koje se ljudi mole za svoje sopstvene probleme na pojedinačnoj bazi, ili se mole dok meditiraju kroz Reč u mirnim vremenima i „molitva u dogovoru", kroz koju se određeni broj ljudi okuplja da doziva Boga.

Kao što nam Isus kaže „ako se vas dva složite na zemlji" i „gde su se dva ili tri okupili u Moje ime," molitva u dogovoru odnosi se na molitvu mnogih u jednom umu. Bog nam govori da On sa oduševljenjem prihvata molitvu u dogovoru i obećava nam da će On uraditi bilo šta što tražimo od Njega i biće prisutan kada dva ili tri dođu zajedno u ime našeg Gospoda. Kako možemo Bogu podariti slavu sa odgovorima koje dobijamo od Njega kroz molitvu u dogovoru, kod kuće i u crkvi i u okviru naše grupe i zajednice? Dozvolite nam da se udubimo u značaj i metode molitve u dogovoru i napravimo hleb njegovom snagom da bismo mogli da primimo od Boga bilo šta dok se molimo za Njegovo kraljevstvo, pravednost, crkvu i u velikoj meri poštujmo Njega.

2. Značenje molitve u dogovoru

U prvom od stihova na koje se ovo Poglavlje odnosi, Isus nam govori: „Još vam kažem zaista: ako se dva od vas slože na zemlji u čemu mu drago, zašto se uzmole, daće im Otac moj koji je na nebesima" (Jevanđelje po Mateju 18:19). Ovde nalazimo nešto pomalo čudno. Umesto da se odnosi na molitvu „jedne osobe," „troje ljudi," ili „dvoje ili više ljudi," zašto Isus izrazito kaže: „ako se dva od vas slože na zemlji u čemu mu drago, zašto se uzmole" i ističe „dvoje" ljudi?

„Dva od vas" ovde stoji za to, u relativnom značenju, svaki od nas „ja" i ostali ljudi. Drugim rečima, „dva od vas" se može odnositi na jednu osobu, deset ljudi, sto ljudi, ili hiljadu ljudi, u značenju jednog.

Koji je onda duhovni značaj „dva od vas?" Mi imamo naše sopstveno „ja" i u nama boravi Sveti Duh sa Svojim sopstvenim karakterom. Kao što u Poslanici Rimljanima 8:26-27 čitamo: „A tako i Duh pomaže nam u našim slabostima: jer ne znamo za šta ćemo se moliti kao što treba, nego sam Duh moli se za nas uzdisanjem neiskazanim," Sveti Duh koji se zalaže za nas pravi naše srce hramom u kojem će da boravi.

Mi dobijamo autoritet na koji imamo pravo kao Božja deca kada prvi put poverujemo u Njega i prihvatimo Isusa kao našeg Spasioca. Sveti Duh dolazi i prima naš duh koji je bio mrtav zbog našeg originalnog greha. Prema tome, u svakom Božjem detetu postoji njegovo sopstveno srce i Sveti Duh sa Njegovim sopstvenim karakterom.

„Dva od vas na zemlji" znači molitvu našeg srca i molitvu našeg duha što je posredovanje Svetog Duha. (1. Korinćanima Poslanica 14:15; Poslanica Rimljanima 8:26). Reći „da se dva od vas slože na zemlji zašto se uzmole" znači da se ove dve molitve nude Bogu u dogovoru. Šta više, kada se Sveti Duh pridruži jednoj osobi u njenoj molitvi, ili dvojici ili više ljudi u njihovoj molitvi, to je za „dva od vas" na zemlji da se složite šta god da tražite.

Sećajući se značenja molitve u dogovoru, mi moramo da iskusimo ispunjenje Gospodovog obećanja: „Još vam kažem zaista: ako se dva od vas slože na zemlji u čemu mu drago, zašto se uzmole, daće im Otac moj koji je na nebesima" (Jevanđelje po Mateju 18:19).

3. Metode molitva u dogovoru

Bog je zadovoljan da primi molitvu u dogovoru, daje Svoje odgovore brzo takvoj molitvi i manifestuje Njegovo veliko delo jer se ljudi Njemu mole sa jedinstvenim srcem.

To će sigurno biti izvor preplavljujuće radosti, mira, i beskonačne slave Bogu ako se Sveti Duh i svako od nas moli jednim srcem. Bili bismo u mogućnosti da odgonetnemo „odgovor vatre," i da nesebično svedočimo o postojećem Bogu. Ipak, postati „jedinstveno srce" nije lak zadatak i dovesti naše srce u dogovor nosi značajnu implikaciju.

Pretpostavimo da sluga ima dva gospodara. Zar ne bi njegova lojalnost i srce bili prirodno podeljeni? Problem postaje još ozbiljniji ako slugina dva gospodara poseduju različite osobine i ukuse.

Opet, pretpostavimo da dva čoveka prave planove za neki

događaj. Ipak, ako ne uspeju da budu jedan um i umesto toga ostanu podeljeni u njihovim mišljenjima, bilo bi bezbednije da se zaključi da stvari ne idu previše dobro. Štaviše, ako je dvoje obavilo posao sa dva različita cilja u srcu, njihovo planiranje, od spolja, će se činiti da ide dobro, ali ishod ne može biti očigledniji. Zbog toga, sposobnost da se bude jedinstvenog srca, bez obzira na to da li se molimo sami, sa drugom osobom, ili sa dvoje ili troje ljudi, je ključ primanja Božjeg odgovora.

Kako onda, možemo biti jedinstvenog srca u molitvi?

Ljudi koji se mole u dogovoru, moraju se moliti inspirisani Svetim Duhom, moraju biti zarobljenici Svetog Duha, moraju postati jedno u Svetom Duhu i moliti se u Svetom Duhu (Poslanica Efežanima 6:18). Jer Sveti Duh nosi sa Njim um Boga, On pretražuje sve stvari, čak i dubinu Boga (1 Korinćanima Poslanica 2:10) i posreduje za nas prema volji Božjoj (Poslanica Rimljanima 8:27). Kada se molimo na način na koji naš um vodi Sveti Duh, Bog je zadovoljan da prihvati našu molitvu, daje nam sve što tražimo, čak i odgovore na žudnje našeg srca.

Da bismo se molili ispunjeni Svetim Duhom, moramo verovati u Božju Reč bez sumnje, biti poslušni u istini, biti uvek radosni, neprestano se moliti i davati zahvalnost u svim okolnostima. Takođe moramo dozivati Boga iz našeg srca. Kada pokažemo Bogu veru koja je praćena delima i borimo se u molitvi, Bog je zadovoljan i i daje nam radost kroz Svetoga Duha. To znači biti „ispunjen" i „biti inspirisan" Svetim Duhom.

Neki novi vernici ili oni koji se ne mole redovno još uvek nisu primili moć molitve i zbog toga teže nalaze da je molitva u dogovoru naporna i teška. Ako takve osobe pokušaju da se mole sat vremena, oni pokušavaju da nađu različite teme za molitvu ali nisu sposobni da se mole ceo sat. Oni postaju umorni i iscrpljeni, nestrpljivo čekaju da prođe vreme i završe mumlajući u molitvi. Takva molitva je „molitva duše" kojoj Bog ne može odgovoriti.

Za mnoge ljude, čak iako su posećivali crkvu više od decenije, njihova molitva je i dalje molitva duše. Mnogo ljudi koji se žale ili koji postanu obeshrabreni zbog nedostatka Božjeg odgovora, ne mogu dobiti Božje odgovore jer je njihova molitva, molitva duše. Ipak, to ne znači da je Bog okrenuo leđa njihovim molitvama. Bog čuje njihove molitve; On samo ne može da odgovori na njih.

Neko može pitati: „Da li to znači da je besmisleno moliti se jer se molimo bez inspiracije Svetog Duha?" To međutim nije slučaj. Čak iako se oni mole samo u njihovim mislima, dok predano dozivaju Boga, kapije molitve će se otvoriti i oni će primiti snagu molitve i moliće se u duhu. Bez molitve, kapije molitve se ne mogu otvoriti. Jer Bog čuje i molitvu duše, jednom kada se kapije otvore, vi ćete se ujediniti sa Svetim Duhom, molićete se inspiracijom Svetog Duha i dobićete odgovore koje ste tražili u prošlosti.

Pretpostavimo da postoji sin koji nije udovoljio svom ocu. Za sina koji nije udovoljio svom ocu svojim delima, on ne može dobiti ništa što je tražio od svog oca. Ipak, jednog dana sin je počeo da udovoljava svom ocu svojim delima i otac je počeo da pronalazi sina u svom srcu. Sada, kako će otac početi da tretira svog sina? Zapamtite da njihov odnos više nije bio ono što je bio u prošlosti. Otac je poželeo da sinu da bilo šta što ga je kasnije pitao, a sin je primio čak i stavri koje je tražio u prošlosti.

Na isti način, čak iako je naša molitva iz naših misli, kada se nagomila, mi ćemo primiti moć molitve i molićemo se na način koji je zadovoljavajući za Boga kada se otvore kapije molitve za nas. Takođe ćemo primiti i stvari za koje smo molili Boga u prošlosti i shvatiti da On nije ignorisao ni najbeznačajniju stvar naše molitve.

Štaviše, kada se molimo u duhu ispunjenosti Svetog Duha, nećemo postati umorni i podleći pospanosti ili ovozemaljskim mislima, već ćemo se moliti u veri i radosti. Ovako se i grupa ljudi može moliti u dogovoru jer se mole u duhu i u ljubavi sa jednim umom i jednom voljom.

Mi čitamo u drugom od stihova na koje se ovo Poglavlje

odnosi: „Jer gde su dva ili tri sabrani u ime moje onde sam ja među njima" (Jevanđelje po Mateju 18:20). Kada se ljudi zajedno mole u ime Isusa Hrista, Božja deca koja su primila Svetog Duha se u suštini mole u dogovoru i naš Gospod će sigurno biti tamo gde su oni. Drugim rečima, kada se grupa ljudi koja je primila Svetog Duha okupi i moli u dogovoru, naš Gospod će nadgledati um svake osobe, ujediniti će ih u Svetom Duhu i voditi ih da budu jedan um da bi njihova molitva bila zadovoljavajuća za našeg Boga.

Međutim, ako se grupa ljudi ne može ujediniti i biti jedinstvenog srca, grupa u celini se ne može moliti u dogovoru ili se moliti iz srca svakog učesnika, čak iako se mole za zajednički cilj, jer srce jednog učesnika nije u dogovoru sa drugim u grupi. Ako srce ljudi u težnji ne može biti ujedinjeno u jedno i jedinstveno, predstavnik treba da vodi vreme molitve i pokajanje da bi srce ljudi koji su se okupili postalo jedinstveno u Svetom Duhu.

Naš Gospod će biti sa ljudima koji se mole kada postanu jedno u Svetom Duhu, jer On nadgleda i vodi srce svakog posebno u učešću. Kada molitva ljudi nije u dogovoru, mora se razumeti da naš Gospod ne može biti sa takvim pojedincima.

Kada se ljudi ujedine i postanu jedno u Svetom Duhu i kada se mole u dogovoru, svako će se moliti iz svog srca, biće ispunjen Svetim Duhom, znojiće se i postati svestan Božjeg odgovora za koji pita dok ga nalet radosti odozgo obavija. Naš Gospod će biti sa ljudima koji se mole na takav način i takva molitva je onakva koja zadovoljava Boga.

Moleći se u dogovoru u ispunjenosti Svetim Duhom i iz svog srca, nadam se da će svako od vas primiti za šta god da se moli u molitvi i tako dati slavu Bogu kada se okupite sa drugima u vašoj zajednici ili grupi, kod kuće ili u crkvi.

Ogromna moć molitve u dogovoru

Jedna od prednosti molitve u dogovoru je razlika u brzini u kojoj ljudi primaju odgovore od Boga i u načinu na koji se On manifestuje jer na primer, postoji drastična razlika u kvantitetu molitve između molitve koja traje 30 minuta jedne osobe sa jednom molbom i 30 minuta molitve 10 ljudi sa istom molbom. Kada se ljudi mole u dogovoru i Bog je zadovoljan da primi njihovu molitvu, oni će iskusiti neporecivu manifestaciju Božjeg dela i ogromnu snagu njihove molitve.

U Delima Apostolskim 1:12-15, nalazimo da nakon što je naš Gospod vaskrsao i uzdigao se na nebo, grupa ljudi uključujući Njegove učenike, udružili su se zajedno u molitvi. Broj ljudi u toj grupi je bio oko sto dvadeset. U ozbiljnoj nadi da će primiti Svetog Duha, koje im je Isus obećao, ovi ljudi su se okupili da se mole u dogovoru do dana Duhova-Trojice.

I kad se navrši pedeset dana behu zajedno svi apostoli jednodušno. I ujedanput postade huka s neba kao duvanje silnog vetra, i napuni svu kuću gde seđahu. I pokazaše im se razdeljeni jezici kao ognjeni; i sede po jedan na svakog od njih. I napuniše se svi Duha Svetog, i stadoše govoriti drugim jezicima, kao što im Duh davaše te govorahu (Dela Apostolska 2:1-4).

Koliko je čudesno ovo Božje delo? Dok su se molili u dogovoru, svako od sto dvadeset ljudi okupljenih, primio je Svetog Duha i počeo da govori drugim jezicima. Apostoli su takođe primili ogromnu moć od Boga tako da je broj ljudi koji su prihvatili Isusa Hrista kroz Petrovu poruku i koji su bili kršteni iznosio je skoro tri hiljade (Dela Apostolska 2:41). Sva moguća čuda i čudesni znakovi su bili prikazani od strane apostola, broj vernika se povećavao iz dana u dan i život vernika je počeo da se menja takođe (Dela Apostolska 2:43:47).

A kad videše slobodu Petrovu i Jovanovu, i znajući da su ljudi neknjiževni i prosti, divljahu se, i znahu ih da behu s Isusom. A videći isceljenog čoveka gde s njima stoji ne mogahu ništa protivu reći (Dela Apostolska 4:13-14).

A rukama apostolskim učiniše se mnogi znaci i čudesa među ljudima; i behu svi jednodušno u tremu Solomunovom. A od ostalih niko ne smejaše pristupiti njima; nego ih hvaljaše narod.

A sve više pristajahu oni koji verovahu Gospoda, mnoštvo ljudi i žena, tako da i po ulicama iznošahu bolesnike i metahu na posteljama i na nosilima, da bi kad prođe Petar barem senka njegova osenila koga od njih. A dolažahu mnogi i iz okolnih gradova u Jerusalim, i donošahu bolesnike i koje mučahu nečisti duhovi; i svi ozdravljahu (Dela Apostolska 5:12-16).

Bila je to moć molitve u dogovoru koja je omogućila apostolima da hrabro propovedaju Reč, da slepi progledaju, da iscele bogalje i slabe, da ožive mrtve, da iscele sve vrste bolesti i da isteraju sve zle duhove.

U sledećem je iskaz o Petru koji je u to vreme bio zarobljen tokom vladavine Iroda (Agipa 1) koje je u mnogome bilo obeleženo progonom Hrišćanstva. U Delima Apostolskim 12:5 mi nailazimo: „I tako Petra čuvahu u tamnici; a crkva moljaše se za njega Bogu bez prestanka." Dok je Petar spavao, vezan u lancima, crkva se molila u dogovoru za Petra. Nakon što je Bog čuo molitvu crkve, On je poslao anđela da spasi Petra.

Noć pre nego je Irod trebalo da izvede Petra na suđenje, apostol je bio vezan lancima i spavao dok su ga stražari čuvali na ulazu (Dela Apostolska 12:6). Ipak, Bog je manifestovao svoju moć tako što ga je oslobodio lanaca i otvorio gvozdenu kapiju tamnice samu od sebe (Dela Apostolska 12:7-10). Nakon što je stigao u kuću Marije, majke Jovanove, takođe nazvan Marko,

Petar je uvideo da se mnogo ljudi okupilo i da se moli za njega (Dela Apostolska 12:12). Takvo čudesno delo bilo je rezultat moći crkvene molitve u dogovoru.

Sve što je crkva uradila za zarobljenog Petra bilo je molitva u dogovoru. Na isti način, kada nevolja proguta crkvu ili kada bolest snađe vernike, umesto da se uposle čovekove misli i briga i da se postane uznemiren, deca Božija moraju prvo da veruju da će On rešiti probleme svojim rukama i da se u jedinstvenom umu mole u dogovoru.

Bog polaže ogromne interese u crkvenu molitvu u dogovoru, oduševljen je molitvom u dogovoru i odgovara na takvu molitvu čudesnim delima. Možete li zamisliti koliko će Bog biti zadovoljan da vidi da se Njegova deca mole u dogovoru za Njegovo kraljevstvo i pravednost?

Kako ljudi postaju ispunjeni Svetim Duhom i mole se svojim duhom i kada se zajedno mole u dogovoru, oni će iskusiti Božje veliko delo. Oni će dobiti moć da žive po Božjoj Reči, svedočiće o postojanju Boga na način na koji su to rane crkve i apostoli učinili, proširiće Božje kraljevstvo i primiće sve što traže.

Molim vas imajte na umu dan nam je naš Bog obećao da će nam On odgovoriti kada pitamo i kada se molimo u dogovoru. Neka svako od vas temeljno razume značaj molitve u dogovoru i neka se revnosno sastane sa onima koji se mole u ime Isusa Hrista, da biste najpre imali iskustva velike moći molitve u dogovoru, da biste primili snagu molitve i da biste postali dragoceni radnik u svedočenju o postojanju Boga, u ime našeg Gospoda ja molim!

Poglavlje 7

Uvek se molite i nikad ne odustajte

Kaza im pak i priču kako se treba svagda moliti Bogu, i ne dati da dotuži, govoreći:

„U jednom gradu beše jedan sudija
koji se Boga ne bojaše i ljudi ne stiđaše.
A u onom gradu beše jedna udovica
i dolažaše k njemu govoreći:
'Ne daj me mom suparniku.'
I ne htede zadugo;
a najposle reče u sebi:
'Ako se i ne bojim Boga i ljudi ne sramim,
no budući da mi dosađuje ova udovica,
odbraniću je,
da mi jednako ne dolazi i ne dosađuje.'"

Tada reče Gospod: „Čujte šta govori nepravedni sudija;
a kamoli Bog neće odbraniti izbranih Svojih
koji Ga mole dan i noć?
I hoće li odložiti On dugo nad njima?
Kažem vam da će ih odbraniti brzo."

(Jevanđelje po Luki 18:1-8)

1. Parabola o upornoj udovici

Kada je Isus propovedao Božju Reč masama, On nije govorio njima bez parabole (Jevanđelje po Marku 4:33-34). „Parabola o upornoj udovici" na kojoj je ovo poglavlje zasnovano prosvetljava nas o važnosti konstantne molitve, kako treba uvek da se molimo i da ne treba da odustanemo.

Koliko uporno se molite da dobijete Božje odgovore? Da li pravite pauzu od molitve ili ste odustali jer vam Bog još nije odgovorio?

U životu ima bezbroj problema i stvari obostrano i velikih i malih. Kada evangelizujemo ljude u hrišćanstvo i govorimo im o postojećem Bogu, neki tražeći Boga počinju da odlaze u crkvu da bi rešili svoje probleme a drugi odlaze da bi samo pronašli utehu u svom srcu.

Bez obzira na razloge zbog kojih ljudi počinju da odlaze u crkvu, dok obožavaju Boga i prihvataju Isusa Hrista, oni uče da oni, kao Božja deca, mogu da prime bilo šta što traže i da se preobraze u ljude od molitve.

Prema tome, sva Božja deca moraju naučiti kroz Njegovu Reč kojom vrstom molitve je on zadovoljan, da se mole u saglasnosti sa suštinom molitve i da poseduju veru da istraju i da se mole dok ne prime plodove Božjeg odgovora. Zbog ovoga su ljudi od vere svesni važnosti molitve i mole se uobičajeno. Oni ne čine greh odustajanja od molitve čak iako ne dobiju odgovor odmah. Umesto da odustanu, oni se još vatrenije mole.

Samo sa takvom verom ljudi mogu dobiti Božje odgovore i dati Njemu slavu. Ipak, iako se mnogi ljudi izjašnjavaju kao vernici, teško je pronaći ljude sa tako velikom verom kao što je ova. Ovo je razlog zašto se naš Gospod žali i pita: „Ali Sin čovečiji kad dođe hoće li naći veru na zemlji?"

U jednom gradu bio je nemoralni sudija kome je udovica stalno dolazila i preklinjala: „Daj mi legalnu zaštitu od mog protivnika." Ovaj korumpirani sudija je očekivao mito, ali siromašna udovica nije čak mogla priuštiti ni mali znak pažnje koji bi dala sudiji. Ipak, udovica je nastavljala da odlazi kod sudije i preklinjala ga, a sudija je stalno odbijao udovičin zahtev. Onda jednog dana, on je imao promenu srca. Znate li zašto? Slušajte šta je ovaj nemoralni sudija rekao sebi:

„Ako se i ne bojim Boga i ljudi ne sramim, no budući da mi dosađuje ova udovica, odbraniću je, da mi jednako ne dolazi i ne dosađuje!" (Jevanđelje po Luki 18:4-5)

Jer udovica nikad nije odustala i nastavila je da ide kod njega sa svojim zahtevom, čak je i ovaj pokvareni sudija jedino mogao da podlegne udovicinim željama koja ga je stalno gnjavila. Na kraju ove parabole koju Isus koristi da bi nam dao ključ u dobijanju Božjeg odgovora, On zaključuje: „Čujte šta govori nepravedni sudija; a kamoli Bog neće odbraniti izbranih Svojih koji Ga mole dan i noć? I hoće li odložiti On dugo nad njima? Kažem vam da će ih odbraniti brzo" (Jevanđelje po Luki 18:6-8).

Ako je i nemoralni sudija uslišio molbu udovice, zašto ne bi pravedni Bog odgovorio kada ga Njegova deca dozivaju? Ako se zavetuju da dobiju odgovor za određeni problem, brzo, ostaju budni celu noć i bore se u molitvi, kako da im Bog ne odgovori brzo? Siguran sam da je mnogo vas čulo za slučajeve u kojima su ljudi dobili odgovore u periodu zavetne molitve.

U Psalmima 50:15 Bog nam govori: „Prizovi Me u nevolji svojoj, izbaviću te i ti Me proslavi." Drugim rečima, Bog nam namerava da poštujemo Njega tako što nam odgovara na molitvu. Isus nas podseća u Jevanđelju po Mateju 7:11: „Kad dakle vi, zli budući, umete dare dobre davati deci svojoj, koliko će više Otac vaš nebeski dati dobra onima koji Ga mole!" Kako bi mogao Bog, koji nam je bez rezerve dao svoga jedinog Sina da umre za nas, ne odgovoriti na molitve Njegove voljene dece? Bog žudi da daje brze odgovore Njegovoj deci koja Ga vole.

Ipak, zašto toliko mnogo ljudi govori da je bez Njegovih odgovora iako se mole? Božja Reč nam naročito govori u Jevanđelju po Mateju 7:7-8: „Ištite, i daće vam se; tražite, i naći ćete; kucajte, i otvoriće vam se. Jer svaki koji ište, prima; i koji traži, nalazi; i koji kuca, otvoriće mu se." Zbog toga je nemoguće da naša molitva ostane neodgovorena. Ipak, Bog nije u mogućnosti da odgovori na naše molitve zbog zida koji stoji na našem putu ka Njemu, jer se mi nismo dovoljno molili, ili zato što još uvek nije došlo vreme da primimo Njegove odgovore.

Mi treba uvek da se molimo bez odustajanja, jer kada istrajemo i nastavimo da se molimo sa verom, Sveti Duh ruši zid koji stoji između Boga i nas i otvara put ka Božjim odgovorima kroz pokajanje. Kada količina naše molitve se učini Božjim očima dovoljnom, On će nam sigurno odgovoriti.

U Jevanđelju po Luki 11:5-8, Isus nas uči ponovo o istrajnosti i nametljivosti:

Koji od vas ima prijatelja, i otide mu u ponoći i reče mu: Prijatelju! Daj mi tri hleba u zajam; jer mi dođe prijatelj s puta, i nemam mu šta postaviti; a on iznutra odgovarajući da reče: „Ne uznemiravaj me; već su vrata zatvorena i deca su moja sa mnom u postelji, i ne mogu ustati da ti dam." I kažem vam, ako i ne ustane da mu da zato što mu je prijatelj, ali za njegovo bezobrazno iskanje ustaće i daće mu koliko treba.

Isus nas uči da Bog ne odbija već odgovara nametljivosti Njegove dece. Kada se molimo Bogu, moramo se moliti hrabro i sa istrajnošću. Ne treba reći da samo zahtevaš, već se moliti i tražiti sa osećajem sigurnosti u veri. Biblija često pominje mnoge pretke od vere koji su dobili odgovore takvom molitvom.

Nakon što se Jakov borio sa anđelom na reci Javok do svitanja, on se ozbiljno molio i napravio snažan zahtev za blagoslov, govoreći: „Neću te pustiti dokle me ne blagosloviš" (Postanak 32:26), i Bog je odobrio blagoslov za Jakova. Od tada pa nadalje, Jakov je nazvan „Izrael" i postao je praotac Izraelaca.

U Jevanđelju po Mateju u poglavlju 15, žena Hananejka čija ćerka je patila od posedovanja demonom prva je izašla pred njim i dozivala Njega „Pomiluj me Gospode sine Davidov! Moju kćer vrlo muči đavo." Ali Isus nije rekao ni reči (Jevanđelje po Mateju 15:22-23). Kada je žena došla po drugi put, klekla pred Njim i Njega preklinjala, Isus je samo jednostavno rekao: „Ja sam poslan samo k izgubljenim ovcama doma Izrailjevog" i odbio je ženin zahtev (Jevanđelje po Mateju 15:25-26). Kada je žena opet molila Isusa još jednom: „Da, Gospode, ali i psi jedu od mrva što padaju s trpeze njihovih gospodara" onda joj je Isus odgovorio: „O ženo; velika je vera tvoja; neka ti bude kako hoćeš" (Jevanđelje po Mateju 15:27-28).

Slično, mi moramo pratiti stope naših praotaca u veri i saglasnosti sa Božjom Reči i uvek se moliti. I mi treba da se molimo u veri, sa osećajem sigurnosti i sa žarkim srcem. Pri veri u našeg Boga koji nam dozvoljava da požnjemo u odgovarajuće vreme, mi moramo postati istinski sledbenici Hrista u našoj molitvi bez odustajanja.

2. Zašto treba uvek da se molimo

Kao što čovek nije u mogućnosti da održi život bez disanja, Božja deca koja su primila Svetog Duha ne mogu dostići večni život bez molitve. Molitva je dijalog sa živim Bogom i našim duhovnim dahom. Ako Božja deca koja su primila Svetog Duha ne komuniciraju sa Njim, oni će ugasiti vatru Svetog Duha i tako više neće moći da koračaju stazom života, već će zalutati na stazu smrti i na kraju neće uspeti da dostignu spasenje.

Ipak, ako molioci uspostave komunikaciju sa Bogom, mi ćemo dostići spasenje dok čujemo glas Svetog Duha i učimo da živimo po volji Božjoj. Čak iako nevolje dođu na naš put, Bog će nam dati način da to izbegnemo. On će takođe delati za naše dobro u svim stvarima. Pri molitvi mi ćemo takođe iskusiti moć svemoćnog Boga koji nas ojačava da se suočimo i prevaziđemo neprijatelja đavola, tako što ćemo mu dati slavu našom postojanom verom koja nemoguće može učiniti mogućim.

Prema tome, Biblija nam zapoveda da se molimo bez prestanka (1. Solunjanima Poslanica 5:17) i to je „Božja volja" (1.Solunjanima Poslanica 5:18). Isus nam postavlja odgovarajući primer moleći se stalno prema Božjoj volji nezavisno od vremena i mesta. On se molio u pustinji, na planini, i na mnogim drugim mestima i molio se u zoru i preko noći.

Moleći se stalno, naši praoci vere živeli su po volji Božjoj. Prorok Samuel nam govori: „A meni ne dao Bog da zgrešim GOSPODU i prestanem moliti se za vas; nego ću vas upućivati na put dobar i prav" (1. Samuelova Poslanica 12:23). Molitva je Božja volja i Njegova zapovest; Samuel nam govori da ne moliti se predstavlja greh.

Kada se ne molimo ili kada pravimo pauzu od našeg molitvenog života, svetovne misli cede naš um i sprečavaju nas u da živimo po Božjoj volji i mi počinjemo da se suočavamo sa teškim problemima jer smo bez Božje zaštite. Prema tome, kada ljudi padaju u iskušenja oni gunđaju protiv Boga ili idu stranputicom sa Njegovog puta još više.

Iz ovog razloga 1. Petrova Poslanica 5:8 nas podseća: „Budite treznog duha i budite na oprezu. Jer suparnik vaš, đavo, kao lav ričući hodi i traži koga da proždere. Branite se od njega tvrđom u veri, znajući da se takva stradanja događaju vašoj braći po svetu" i naređuje nam da se uvek molimo. Hajde da se molimo ne samo kada postoje problemi, već uvek, da bismo bili Božja blagoslovena deca čija svaka stvar u životu ide po dobru.

3. U pravo vreme mi ćemo žnjeti žetvu

U Poslanici Galaćanima 6:9 čitamo: „A dobro činiti da nam se ne dosadi; jer ćemo u svoje vreme požnjeti ako se ne umorimo." Isto je i sa molitvom. Kada se molimo uvek sledeći

Božju volju bez odustajanja i kada odgovarajuće vreme dođe, mi ćemo požnjeti žetvu.

Ako farmer postane nestrpljiv ubrzo nakon sađenja semena i iskopa seme iz zemlje, ili ako prestane da brine o svojim usevima i čeka, u čemu bi bilo smisao žetve? Dok ne dobijemo odgovore na našu molitvu, posvećenost i istrajnost su neophodni.

Štaviše, vreme žetve varira u zavisnosti od semena koje smo posadili. Neko seme donosi plod za nekoliko meseci, dok su za drugo potrebne godine. Povrće i žitarice se lakše žanju od jabuka ili retkog bilja kao što je ženšen. Za dragocenije i skuplje useve, potrebno je investirati više vremena i posvećenosti.

Vi morate shvatiti da je više molitve potrebno za veće i ozbiljnije probleme za koje se molite. Kada je prorok Danilo imao viziju vezano za budućnost Izraela, žalio je tri nedelje i molio se, Bog je čuo njegovu molitvu prvog dana i poslao anđela da se uveri da je prorok svestan ovoga (Danilo 10:12). Međutim, kako je princ odolevao moći anđela dvadeset i jedan dan, anđeo je mogao da dođe Danilu poslednjeg dana i samo tada je Danilo znao zasigurno (Danilo 10:13-14).

Šta bi se desilo da je Danilo odustao i prestao da se moli? Iako je postao ožalošćen i izgubio snagu nakon što je imao viziju,

Danijel je prionuo u molitvi i na kraju dobio Božji odgovor. Kada istrajemo u veri i molimo se dok ne dobijemo odgovore, Bog nam daje pomagača i vodi nas Njegovim odgovorima. Zbog toga je anđeo koji je doneo Božje odgovore Danilu rekao proroku: „Ali knez carstva persijskog staja mi nasuprot dvadeset i jedan dan; ali, gle, Mihailo jedan od prvih knezova dođe mi u pomoć; tako ja ostah onde kod careva persijskih. I dođoh da ti kažem šta će biti tvom narodu posle; jer će još biti utvara za te dane" (Danilo 10:13-14).

Za kakve probleme se vi molite? Je li vaša molitva takva da dospeva do Božjeg prestola? Da bi razumeo viziju koju mu je Bog pokazao, Danilo je odlučio da se ponizi tako što nije jeo ukusnu hranu, niti su meso i vino ušli u njegova usta, niti je uopšte koristio mast dok tri nedelje nisu završene. (Danilo 10:3). Kada se Danilo ponizio u toku te tri nedelje u zavetnoj molitvi, Bog je čuo njegovu molitvu i odgovorio mu još prvog dana.

Ovde, obratite pažnju na činjenicu da iako je Bog čuo Danilovu molitvu i odgovorio proroku još prvog dana, bilo je potrebno tri nedelje da Njegovi odgovori dospu do Danila. Mnogi ljudi, kada se suoče sa ozbiljnim problemom, pokušaju da se mole jedan ili dva dana i brzo odustanu. Takva praksa svedoči njihovoj maloj veri.

Ono što je danas najpotrebnije našoj generaciji je srce kojim verujemo samo u našeg Boga, koji će nam sigurno odgovoriti, istrajnost i molitva, bez obzira na vreme pristizanja Božjih odgovora. Kako možemo očekivati da ćemo primiti Božje odgovore bez istrajnosti?

Bog nam daje kišu u sezoni i jesenju kišu i prolećnu kišu i postavlja vreme žetve (Jeremija 5:24). Zbog toga nam je Isus rekao: „Zato vam kažem, sve što ištete u svojoj molitvi verujte da ćete primiti, i biće vam" (Jevanđelje po Marku 11:24). Zato što je Danilo verovao u Boga koji odgovara na molitve, on je istrajao i nije pravio pauzu dok se molio dok nije dobio odgovor od Boga.

Biblija nam govori: „Vera je, pak, tvrdo čekanje onog čemu se nadamo, i dokazivanje onog što ne vidimo" (Poslanica Jevrejima 11:1). Ako je neko odustao od molitve zato što još uvek nije dobio odgovor od Boga, on ne sme misliti da ima veru i da će dobiti odgovore od Boga. Ako ima istinsku veru, on se neće zadržavati u sadašnjim okolnostima, već će se moliti konstantno bez odustajanja. To je zato što on veruje da će mu Bog, koji nam dozvoljava da požanjemo ono što smo posejali i uzvraća nam se za ono što smo činili, odgovoriti.

Kao što u Poslanici Efežanima 5:7-8 čitamo: „Ne bivajte dakle zajedničari njihovi; jer bejaste nekada tama, a sad ste videlo u Gospodu: kao deca videla živite," neka svako od vas poseduje iskrenu veru, istraje u molitvama prema svemogućem Bogu i dobije sve što potraži u molitvi i vodi život pun Božjih blagoslova, u ime našeg Gospoda Isusa Hrista ja se molim!

Autor:
Dr. Jaerock Lee

Dr. Džerok Li je rođen u Muanu, Džeonam provinciji, Republika Koreja, 1943. god. U svojim dvadesetim, Dr. Li je sedam godina patio od mnoštva neizlečivih bolesti i iščekivao smrt bez nade za oporavak. Jednog dana u proleće 1974. god, njegova sestra ga je odvela u crkvu i kad je kleknuo da se pomoli, Živi Bog ga je momentalno izlečio od svih bolesti.

Od trenutka kad je Dr. Li sreo Živog Boga kroz to divno iskustvo, on je zavoleo Boga svim svojim srcem i iskrenošću, a u 1978. god., je pozvan da bude sluga Božji. Molio se revnosno da može jasno da razume volju Božju, u potpunosti je ispuni i posluša sve Reči Božje. Godine1982. je osnovao Manmin centralnu crkvu u Seulu, Koreja, i bezbrojna dela Božja, uključujući čudesna isceljenja i čuda, se dešavaju u njegovoj crkvi.

U 1986. god. Dr. Li je zaređen za pastora na godišnjem Zasedanju Isusove Sungkjul crkve Koreje, i četiri godine kasnije u 1990.god. njegove propovedi su počele da se emituju u Australiji, Rusiji, na Filipinima i mnogim drugim zemljama, preko Radiodifuzne kompanije Daleki Istok, Azija radiodifuzne kompanije i Vašingtonskog hrišćanskog radio sistema.

Tri godine kasnije, 1993.god., Manmin centralna crkva je izabrana za jednu od „Svetskih top 50 crkava" od strane magazina Hrišćanski svet (Christian World) (SAD), a on je primio počasni doktorat bogoslovlja od Koledža hrišćanske vere, Florida, SAD, i 1996.god. Doktorat iz Službe od Kingsvej teološke bogoslovije, Ajova, SAD.

Od 1993. god., dr. Li prednjači u svetskoj evangelizaciji kroz mnogo inostranih pohoda u Tanzaniji, Argentini, Los Anđelesu, Baltimoru, Havajima i Nju Jorku u Sjedinjenim Američkim Državama, Ugandi, Japanu, Pakistanu, Keniji, Filipinima, Hondurasu, Indiji, Rusiji, Nemačkoj, Peruu, Demokratskoj Republici Kongo, Izraelu i Estoniji.

U 2002-oj godini nazvan je „svetskim obnoviteljem" od strane glavnih hrišćanskih novina u Koreji zbog njegovih moćnih bogosluženja u različitim inostranim evangelističkim pohodima. Posebno tokom njegovog „Pohoda u Nju Jork 2006-te godine " koji se održao u Medison Skver Gardenu (Madison Square Garden) najpoznatijoj svetskoj areni i emitovan je za 220 nacija a na njegovom „Ujedinjenom

Izraelskom pohodu" održanom u Kongresnom centru u Jerusalimu on je hrabro rekao da je Isus Mesija i Spasioc. Njegove propovedi emitovane su za 176 nacija putem satelita uključujući GCN TV i bio je svrstan kao jedan od top 10 najuticajnijih hrišćanskih vođa 2009-e i 2010-e godine od strane popularnog Ruskog hrišćanskog časopisa U pobedu (In Victory) i nove agencije Hrišćanski telegraf (Christian Telegraph) za njegovu moćnu svešteničku službu TV emitovanja i njegove inostrane crkveno pastorske službe.

Od mart 2016. god., Manmin Centralna Crkva ima zajednicu od preko 120.000 članova. Postoji 10 000 ogranaka crkve širom planete uključujući 56 domaćih ogranaka crkve i do sad više od 102 misionara su opunomoćena u 23 zemlje, uključujući Sjedinjene Države, Rusiju, Nemačku, Kanadu, Japan, Kinu, Francusku, Indiju, Keniju i mnoge druge.

Do datuma ovog izdanja Dr. Li je napisao 100 knjige, uključujući bestselere: Probanje Večnog Života Pre Smrti, Moj Život, Moja Vera I i II, Poruka Sa Krsta, Mera Vere, Raj I& II, Pakao i Moć Božja. Njegove knjige su prevedene na više od 76 jezika.

Njegove Hrišćanski rubrike se pojavljuju u Hankok Ilbo, JongAng dnevniku, Dong-A Ilbo, Chosun Ilbo, Seul Šinmunu, Kjunghjang Šinmun, Hankjoreh Šinmun, Korejski ekonomski dnevnik, Koreja glasnik, Šisa vesti, i Hrišćanskoj štampi.

Dr. Li je trenutno na čelu mnogih misionarskih organizacija i udruženja uključujući: predsedavajući, Ujedinjene svete crkve Isusa Hrista; stalni predsednik, Udruženje svetske hrišćanske preporodne službe; osnivač i predsednik odbora, Globalna hrišćanska mreža (GCN); osnivač i član odbora, Mreža svetskih hrišćanskih lekara (WCDN); i osnivač i član odbora, Manmin internacionalna bogoslovija (MIS).

Druge značajne knjige istog autora

Raj I i II

Detaljna skica predivne životne okoline u kojoj rajski stanovnici uživaju i prelepi opisi različitih nivoa nebeskih kraljevstva.

Moj Život, Moja Vera I i II

Najmirisnija duhovna aroma izvučena iz života koji je cvetao sa neuporedivom ljubavlju za Boga, u sred crnih talasa, hladnih okova i najdubljeg očaja.

Probanje Večnog Života pre Smrti, Moj Život

Zavetni memoari Dr. Džeroka Lija, koji je rođen ponovo i spašen iz doline senke smrti, i koji vodi primeren Hrišćanski život.

Mera Vere

Kakvo mesto stanovanja, kruna i nagrade su spremne za vas u raju? Ova knjiga obezbeđuje mudrost i smernice za vas da izmerite vašu veru i gajite najbolju i najzreliju veru.

Pakao

Iskrena poruka celom čovečanstvu od Boga, koji ne želi da ijedna duša padne u dubine Pakla! Otkrićete nikad do sad otkriveni iskaz o okrutnoj stvarnosti Nižeg Hada i Pakla.

www.urimbooks.com